AF472731

ISAAC PEREIRE

BUDGET DE 1877

# QUESTIONS FINANCIÈRES

RÉFORME DE L'IMPOT PAR L'EMPRUNT

DÉGRÈVEMENT DES IMPOTS

CONVERSION

RÉDUCTION DE L'INTERÊT — AMORTISSEMENT

2e ÉDITION

PARIS

IMPRIMERIE C. MOTTEROZ

31, RUE DU DRAGON, 31

1876

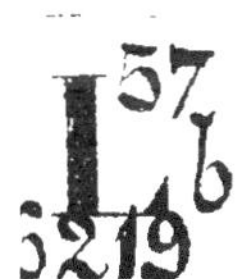

# TABLE DES MATIÈRES

BUDGET DE 1877

# QUESTIONS FINANCIÈRES

TU PENSES
J'ŒUVRE
IMP
C. MOTTEROZ

ISAAC PEREIRE

# BUDGET DE 1877

# QUESTIONS FINANCIERES

RÉFORME DE L'IMPOT PAR L'EMPRUNT

DÉGRÈVEMENT DES IMPOTS

CONVERSION

RÉDUCTION DE L'INTÉRÊT — AMORTISSEMENT

*Tout par le travail, tout pour le travail*
*Toutes les institutions sociales doivent avoir pour but l'amélioration du sort moral, intellectuel et physique de la classe la plus nombreuse et la plus pauvre.*

2e ÉDITION

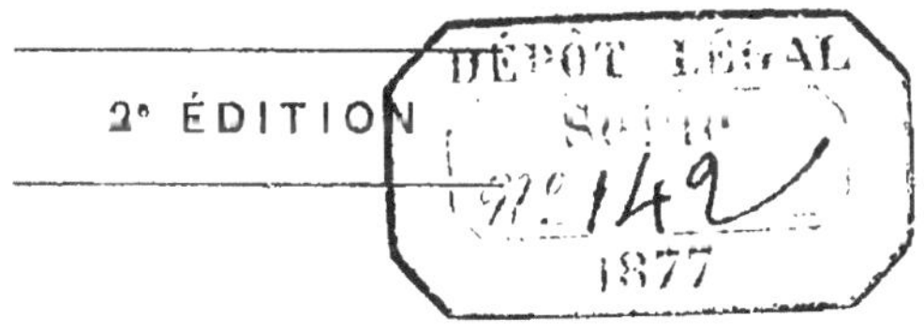


PARIS
IMPRIMERIE C. MOTTEROZ
31, RUE DU DRAGON, 31

1876

# PRÉFACE

Le travail que nous publions se compose d'articles qui ont paru dans le journal « *la Liberté* » au moment de la discussion préliminaire du Budget de 1877, avant que M. Gambetta eût fait connaître ses plans de réforme de nos impôts, avant que la question d'Orient eût pris des proportions d'une nature assez inquiétante pour nécessiter l'ajournement des projets de conversion.

Le recueil de ces articles ne nous en a pas moins paru présenter un intérêt d'actualité en ce qu'il montre que la réforme des impôts, reconnue nécessaire par un grand nombre de bons esprits, peut s'opérer autrement qu'en remplaçant des taxes lourdes et défectueuses par un nouvel impôt, comme celui sur le revenu, que recommande le président de la commission du Budget. On y verra surtout de quelle efficacité serait, pour cette réforme, l'emploi du crédit dont la puissance n'a encore été expérimentée que pour satisfaire aux besoins de la guerre et parer à des excédants de dépenses sur les recettes ordinaires.

Ce n'est pas au moment où notre crédit public peut être mis ainsi au service du progrès social que l'on devrait y porter atteinte. Une aussi haute fonction exige qu'on le ménage, et il n'est, d'après nous, ni juste ni opportun de placer les rentiers sous la menace d'un impôt sur leurs titres, lorsqu'ils se voient déjà sous le coup d'une conversion plus ou moins prochaine, entraînant pour eux une réduction d'intérêts.

Les rentes sur l'État ont été formellement exemptées de toute retenue, par la loi du 9 vendémiaire an VI. Les frapper aujourd'hui d'un impôt serait violer le principe sacré de la non-rétroactivité. Ce serait violer le contrat originaire passé entre l'État et son créancier, et diminuer arbitrairement l'arrérage promis. Au contraire, le remboursement des rentes au pair est inscrit dans notre droit public, tant ancien que moderne, et ce droit de remboursement, base et sanction de tout système de conversion, est en parfaite harmonie avec la loi économique de la diminution successive de l'intérêt, correspondant à l'accumulation des capitaux.

On verra les tempéraments que nous conseillerions d'apporter dans l'exercice de ce droit.

Notre régime financier a besoin d'être remanié. Nous nous sommes appliqué à montrer l'influence décisive qu'auraient, sur la puissance productive du pays et sur le bien-être de toutes les classes de la société, la réduction des impôts de consommation et la suppression totale de certains d'entre eux; mais ce dégrèvement ne peut être opéré que graduellement, avec la plus grande modération, et, d'un autre côté, tout accroissement des impôts directs ne saurait se justifier et se faire admettre aujourd'hui que comme une conséquence de l'amélioration de la richesse générale du pays, qui aurait été ainsi obtenue.

L'expérience mémorable à laquelle l'Angleterre s'est livrée, sous l'inspiration de Robert Peel, nous encourage à entrer dans la même voie, et nous pouvons nous y engager d'autant plus résolûment que les capitaux abondent, qu'ils s'offrent à bon marché et que leurs détenteurs, éprouvés par les pertes cruelles qu'ils ont subies dans les placements étrangers, ne demanderaient qu'à les confier à l'État pour les œuvres fécondes de la paix.

Il faut répudier cette politique de haine et d'envie qui ne tend à enrichir les pauvres qu'aux dépens des riches ; il faut au contraire associer les pauvres et les riches dans un but commun et répandre aussi largement que possible cette idée que la richesse des classes élevées est essentiellement liée à l'amélioration des salaires des classes nombreuses et, par conséquent, au développement de leurs facultés de consommation.

Or, parmi les moyens d'améliorer la situation matérielle du peuple, en est-il de plus puissant que celui qui consisterait à réduire la charge des impôts qui grèvent si lourdement le travail et qui pèsent directement sur les classes laborieuses ? Nous avons la plus entière conviction qu'il serait facile d'atteindre ce but sans secousses et sans luttes violentes, sans compromettre en rien la sécurité de nos finances.

Quant aux emprunts nouveaux à contracter pour la réalisation de cette œuvre de pacification et de progrès, ils ne devraient pas plus être un objet d'effroi pour nos législateurs que ceux émis quotidiennement par les grandes Compagnies de travaux publics.

Ces emprunts seraient, au contraire, pour les contribuables, comme ils le sont pour les actionnaires des Compagnies de chemins de fer, une nouvelle source de richesses.

Quelles œuvres merveilleuses n'eût-on pas réalisées au profit de toutes les classes de la société, quel rapprochement ne se serait-il pas opéré entre elles, si au lieu de consacrer 10 milliards, d'une manière stérile, à la funeste entreprise de la guerre de 1870, on avait employé une faible partie de cette somme à la réforme de nos impôts, à l'abaissement de nos barrières de douanes, au développement de nos travaux publics, à l'éducation primaire, à l'instruction professionnelle et à la constitution définitive du crédit public et privé. On aurait pu créer ainsi une société systématiquement organisée pour le travail et la paix, qui aurait offert à la jeunesse une initiation facile à toutes les fonctions sociales, à l'âge mûr tous les moyens d'exercer son activité, et à la vieillesse une retraite honorable, sans les secours humiliants de l'assistance publique; on eût fermé à jamais l'abîme encore entr'ouvert des révolutions.

PREMIÈRE PARTIE

---

# BUDGET DE 1877

## RÉFORME DE L'IMPOT PAR L'EMPRUNT

# CHAPITRE PREMIER

## BUDGET DE 1877

Coup d'œil jeté sur le budget de 1877. — Terre à terre du travail de la commission. — Du remboursement des sommes dues à la Banque de France. — Ce qu'ont fait les Anglais. — Le fauteuil de M. Recurt. – Questions à résoudre.

### I

Après avoir lu le rapport de la commission du budget sur le projet de M. le ministre des finances, on serait fort embarrassé de dire en quoi ce rapport diffère de ceux émanés des anciennes commissions sous les divers régimes qui se sont succédé en France. Il ne s'en distingue, en réalité, que par l'oubli des idées de progrès et d'amélioration dont les anciens budgets portaient la trace. Développement des travaux publics, réforme des douanes, réductions successives de l'intérêt des rentes: telles étaient, pour ne citer que quelques exemples, les préoccupations de nos anciens financiers. On ne les retrouve à aucun degré dans le rapport de la commission.

Ce rapport n'est qu'une paraphrase du travail ministériel; les conclusions en sont identiques, les chiffres eux-mêmes ne diffèrent que par l'ajournement de quelques crédits. Les fleurs obligées que l'on a jetées sur la tombe de MM. Menier, Ventavon et autres novateurs, ne dissimulent ni n'atténuent le sacrifice de leurs amendements. On console leur mémoire d'un seul mot : A demain toutes les réformes ! Demain, nous changerons de fond en comble notre système fiscal; nous aurons raison du monopole des chemins de fer par la concurrence d'un vaste système de canaux, etc., etc. Mais, en attendant, nous continuerons à percevoir, sans la moindre atténuation, tous les impôts dont MM. Thiers et Pouyer-Quertier ont si bien accablé les contribuables qu'il ne serait plus possible d'y rien ajouter. Nous continuerons à écarter sans examen le système des emprunts à long terme, et nous creuserons les nouveaux canaux au moyen d'obligations trentenaires, parce que, pleins de tendresse pour ces pauvres neveux qui hériteront pour rien du fruit de nos économies, nous ne voulons point leur léguer la charge de la dépense de ces canaux pour lesquels on sait que la commission éprouve une si vive tendresse. Nous demanderons à l'impôt, le plus tôt possible, en trente ans au plus, le remboursement de ces avances, fussent-elles de 880 millions, suivant le travail de M. Krantz, et nous commencerons par y consacrer les 4 millions provenant des vieilles ferrailles de la marine. Tel est, en résumé, le langage de la commission dans son rapport. Quant à ce dernier crédit de 4 millions, il est réel; il est inscrit positivement au budget : c'est la nouveauté la plus hardie que la commission se soit permise.

***

Les remboursements à faire à la Banque ont été intégralement maintenus, en dépit des protestations et des propositions de MM. Germain, Lecesne, Giraud et autres. M. Thiers demandait un quart d'heure de conversation à un ancien chancelier de l'Échiquier pour se mettre au courant des finances de l'Angleterre. Un quart d'heure aurait aussi suffi aux membres de la commission pour apprendre le secret des grandes améliorations que M. Gladstone a su réaliser dans les finances britanniques à la suite et à l'imitation du grand Robert Peel.

La commission aurait sans doute appris que, quand on ne doit plus que 600 millions à un établissement qui tient tout de l'État, et à qui la société permet de battre monnaie avec ses billets jusqu'à concurrence de 3 milliards, ce n'est pas prendre une liberté trop grande que de lui demander plus de quatre années pour le remboursement d'un solde relativement faible, et dont la disponibilité eût aidé à l'accomplissement des réformes les plus urgentes. Au fond, ce n'est pas la Banque qui aurait fait crédit au gouvernement, car elle n'en serait pas moins restée son obligée pour le crédit de 3 milliards que le commerce et l'industrie lui accordent par le cours forcé de ses billets. Le gouvernement anglais est aussi débiteur de la banque de son pays; il a contracté envers elle une dette séculaire de 350 millions, et pour cela il ne lui a accordé, en dehors de ses fonctions ordinaires, que le privilége d'émettre une somme correspondante de billets. Avec les moyens qu'aurait fournis l'ajournement des remboursements à la Banque de France, on aurait pu réduire l'impôt des boissons, l'impôt du sucre, celui du sel, celui des patentes, et faire ainsi une expérience semblable à celle qui a pleinement réussi en Angleterre ; expérience dont les résultats ont procuré de très-grands accroissements de produits comme conséquence naturelle de l'abaissement des taxes, et amélioré le bien-être des masses, en augmentant l'aisance des riches par le développement donné à l'industrie et au commerce.

Enfin la commission ne paraît pas avoir songé un instant aux ressources encore plus importantes que fournirait la conversion du 5 pour 100. De cette mesure juste, légitime, nécessaire, attendue par le monde financier, il n'est pas soufflé un traître mot.

Il est incontestable pourtant que la conversion du 5 pour 100 mettrait à la disposition du gouvernement des moyens d'action encore plus décisifs que ceux même résultant de l'ajournement du remboursement à la Banque, car on aurait pu, soit aujourd'hui, soit plus tard, capitaliser tout ou partie de l'économie obtenue.

## II

En lisant les manifestes publiés sur le budget, au moment de la discussion générale à la chambre des députés, par des journaux qu'il croit avancés, le vulgaire, séduit par la pompe du style et l'emphase des idées, pourrait être tenté de monter au Capitole et de rendre grâces aux dieux du sort heureux qu'on lui prépare; mais il serait bien vite désillusionné, et c'est en vain qu'il attendrait un résultat quelconque des espérances ou des promesses dont on le berce. Nos financiers, éclos en pleine révolution, ne connaissent pas assez les lois qui président à la formation et à la distribution des richesses, et particulièrement celles qui influent d'une manière si efficace sur l'amélioration de la condition des contribuables, c'est-à-dire de la nation tout entière.

Ces prétendus novateurs ont été mille fois heureux de trouver toutes choses aussi admirablement organisées qu'elles le sont dans les diverses parties de notre beau système administratif, qui fonctionne depuis tant d'années, et qui date du commencement du siècle. Tous les éléments de ce système sont si bien combinés, les ressorts en sont si bien agencés, que tout se continue naturellement et que la machine va toute seule, *da se,* comme disent les Italiens. Aussi, croyant avoir inventé cette organisation, ils s'en attribuent le mérite et seraient tentés de s'endormir sur l'oreiller commode que leur ont préparé ceux qu'ils ont la prétention de remplacer.

Ceci nous remet en mémoire une simple histoire dont M. Récurt, ancien ministre des travaux publics pendant la révolution de février, fut le héros naïf et consciencieux ; car M. Récurt — nous lui rendons de grand cœur cet hommage — était un homme sincère par excellence et d'un dévouement sans bornes. Médecin et jouissant d'une honnête aisance, il donnait gratuitement ses soins à la nombreuse clientèle qu'il avait dans le faubourg Saint-Antoine, et payait même très-souvent de sa bourse les médicaments dont il prescrivait l'usage.

A cette époque de la révolution de Février, tout le monde sait qu'on choisissait les ministres des travaux publics parmi les médecins, sans doute parce que ce ministère, entre tous, était le plus malade.

Or M. Recurt, médecin, avait été appelé par Cavaignac à remplacer M. Trélat, médecin lui-même, lorsque M. Vivien fut désigné, à son tour, par le prince-président, pour succéder à M. Recurt.

En lui remettant son service, M. Recurt, dans un élan de bonne foi, qui lui était naturel, déclara qu'il n'avait rien de particulier à lui dire, et que les choses allaient si bien d'elles-mêmes, *da se*, qu'il n'aurait qu'à faire comme lui, s'asseoir dans le fauteuil qu'il allait lui céder, et se borner à signer les lettres et les documents qui lui seraient présentés par d'excellents directeurs.

Heureusement, tous les ministres n'agissent pas de cette façon, et M. Léon Say n'est pas fait pour un rôle aussi effacé. Il a dû se poser la question de savoir quelle amélioration il pourrait apporter dans notre système financier, par quels procédés il arriverait à modifier l'assiette des impôts, de manière à en diminuer les charges ; comment enfin il serait possible d'améliorer la situation de la partie la plus malheureuse des contribuables.

Il est, en effet, essentiel d'examiner si, malgré la situation du trésor, il n'y a pas lieu de s'occuper de la réduction des taxes, de celles du timbre et de l'enregistrement, par exemple, qui gênent les transactions et déprécient la valeur de la propriété foncière ; de celles encore qui, s'appliquant aux denrées de première consommation, telles que le sel, les boissons, le sucre, le café, nuisent au développement de la production et de la consommation, tarissent ainsi les sources mêmes de la richesse et constituent l'un des principaux obstacles au bien-être du peuple.

Nous nous proposons d'entrer directement dans cet examen ; mais, avant de le faire, qu'il nous soit permis de constater à la fois et le calme des esprits et cet immense progrès de la raison publique, qui permet d'aborder les questions d'impôt, autrefois si irritantes, sans éprouver la crainte de passionner ou d'égarer les esprits.

Ce n'est même pas sans un légitime orgueil qu'on peut constater avec quelle exactitude, malgré les charges écrasantes qui pèsent sur lui, le public paye chaque année, et sans murmurer, des contributions qui s'approchent du chiffre énorme de 3 milliards.

Le contribuable n'en sent pas moins la gêne et le poids de cette multitude de taxes qui grèvent son industrie et sa propriété, et il souhaite ardemment d'en être affranchi. Cet affranchissement sera d'autant plus facile, d'autant plus prochain, que les populations sauront résister aux agitations qu'on chercherait à provoquer dans leur sein, aux excitations de toute sorte dont elles sont l'objet de la part de déclamateurs plus audacieux qu'éclairés.

# CHAPITRE II

## DEVELOPPEMENT DU PRÉCÉDENT CHAPITRE

---

Ajournement des projets de conversion. — Coup d'œil rétrospectif sur la conversion du 5 pour 100 en 4 1/2 pour 100 en 1862. — Difficultés de l'opération. — Comment en fut assuré le succès. — Mesures à prendre pour la conversion prochaine.

### I

... Avant la prorogation des chambres et au moment où nous écrivions le chapitre qui précède, nous pouvions croire à l'imminence de la conversion du 5 pour 100, on assurait qu'elle allait être présentée aux chambres; mais, au dernier moment, on y a renoncé, parce que, sans doute, ce projet n'était pas assez mûri ou, peut-être encore, parce que des mesures suffisantes n'avaient pu être prises pour en assurer l'exécution.

Dans cette situation, l'ajournement est sage, car le sujet est

ché avec un certain éclat les prétentions les plus étranges et semblaient vouloir nous imposer d'autorité des idées parfaitement arriérées.

Elle n'est pas sans difficultés, la tâche que nous nous sommes imposée de montrer ce que devrait être un programme financier véritablement républicain, c'est-à-dire conçu dans l'intérêt de la nation tout entière.

Nous essayerons cependant de la remplir.

Il s'agit de démontrer comment, sans inscrire de nouvelles charges au budget, il serait possible de réaliser toutes les améliorations dont l'utilité est universellement reconnue, de donner le plus grand développement à l'instruction publique, et d'entreprendre en même temps la révision de celles de nos branches de revenu qui, par leur exagération, nuisent à la fois au développement de la production et à celui de la consommation; il s'agit enfin de l'établissement d'un état de choses dans lequel on pourrait obtenir facilement les moyens d'achever notre réseau de chemins de fer et d'accomplir, suivant les besoins réels du pays, les travaux des ports, des routes et des canaux.

Mais, auparavant, il est nécessaire de se rendre compte de la nature des dépenses publiques et des moyens d'y pourvoir.

## II

Les dépenses publiques se divisent en deux catégories bien distinctes : les unes administratives, les autres productives ;

les unes qui maintiennent les résultats acquis, les autres qui les développent et les accroissent. Les premières répondent à l'idée d'ordre et de conservation, les secondes à la pensée de progrès, pensée si vivace, pour ne pas dire si impérieuse dans la société moderne.

Les dépenses administratives, comparables à ce que sont les frais généraux dans une entreprise industrielle, comprennent le service de la dette, les dépenses des ministères de la justice et des cultes, de la guerre, de la marine, etc., l'entretien des chemins et des travaux publics déjà établis et toutes les dépenses analogues.

Les dépenses productives qui sont de la nature de ce que l'on appelle dans le langage des affaires les dépenses de premier établissement, et qu'on prélève sur le capital, ont pour objet d'augmenter la puissance de la nation, d'ajouter à ses moyens de production par de véritables créations, telles que des travaux publics nouveaux, et de doubler par l'éducation ses forces intellectuelles et morales, qui ne concourent pas moins que ses forces matérielles et ses capitaux à l'accroissement de sa richesse et de sa puissance.

L'économie est la loi suprême des premières ; l'utilité, la possibilité d'y satisfaire sont les seules lois des secondes.

Or cette division des dépenses en deux groupes indique suffisamment que celles de la première catégorie — les dépenses administratives — ne peuvent être demandées qu'à l'impôt, et que celles de la seconde catégorie — les dépenses productives — pourraient, sans inconvénient, être demandées à l'emprunt, puisque les charges d'intérêt et d'amortissement qui en résulteraient seraient couvertes par des produits correspondants.

Les 10 milliards de travaux exécutés par les Compagnies de chemins de fer dans ces trente dernières années ont enrichi la nation dans des proportions incalculables.

A quelle source ces Compagnies ont-elles puisé ces capitaux ? Elles ne les ont demandés qu'au crédit.

Pourquoi ce qui est légitime et convenable de la part des Compagnies ne le serait-il pas pour l'État ? Pourquoi ne pas soustraire au domaine de l'impôt, pour les faire rentrer dans celui de l'emprunt, quelques-unes au moins des dépenses de l'ordre de celles qui déterminent le progrès, et que nous croyons avoir eu raison d'appeler productives ?

La construction et l'exploitation des chemins de fer n'ont été confiées à l'industrie privée que par délégation spéciale du Gouvernement ; elles auraient pu être l'œuvre de l'État.

Plaçons-nous dans cette hypothèse : supposons que, dans la crainte de grever l'avenir, l'État eût fait peser sur l'impôt des dépenses de construction ; il aurait fallu un siècle pour achever le réseau.

Le principe qui exige, dans l'intérêt d'une bonne gestion, que toutes les dépenses ayant pour effet d'accroître d'une manière durable le fonds même de la richesse nationale, soient soldées au moyen du crédit, est donc applicable à l'État aussi bien qu'aux Compagnies.

Et si nous invoquons ici un précédent tiré du régime financier des compagnies, de celles des chemins de fer en particulier, c'est que les budgets réunis de ces Compagnies atteignent déjà une importance égale à celle des budgets de grands empires. Ainsi le chiffre annuel des dépenses des Compagnies de chemins de fer s'élève à plus d'un milliard, dont six cents millions au moins pour l'exploitation et plus de quatre cents millions pour la construction.

Le système général de comptabilité qui, dans les Compagnies de chemins de fer, exprime la division de leurs dépenses, pourrait être utilement appliqué aux budgets.

Voici en quoi il consiste :

Il y a deux comptes ouverts : le compte capital et le compte d'exploitation.

On porte au compte de capital toutes les dépenses dont les résultats se perpétuent et peuvent fournir à la fois le gage et le moyen de remboursement des fonds qui y sont appliqués.

On porte au compte d'exploitation toutes les dépenses de service et d'entretien.

On demande au crédit toutes les sommes nécessaires à la fondation même et au développement, à l'extension du chemin de fer.

On ne demande au public, par le prix des places et des transports, que la somme nécessaire à l'acquittement : 1° des frais d'exploitation; 2° des dividendes, intérêts et amortissement des capitaux employés dans la construction du chemin.

Nous insistons sur cette division rationnelle, parce qu'elle fait ressortir les vices de notre système financier.

Jusqu'ici, les gouvernants ont eu recours indistinctement, sans ordre et sans règle, tantôt à l'impôt, tantôt au crédit; ils agissent encore aujourd'hui comme s'il n'existait aucun rapport entre le procédé au moyen duquel on se procure les fonds et l'emploi qu'on en fait.

C'est cet état de choses qu'il serait essentiel de régulariser.

Il faudrait séparer, comme nous l'avons dit, les dépenses publiques en deux catégories :

Mettre d'un côté les dépenses qui accroissent d'une manière permanente le fonds de la richesse nationale, et d'un autre côté celles qui ne font qu'entretenir la vie et l'activité du moment présent ; acquitter les dernières par l'impôt et pourvoir distinctement à une partie au moins des autres au moyen de l'emprunt.

Pour peu qu'on y réfléchisse, il nous semble difficile qu'on puisse contester la supériorité de l'emploi du crédit sur l'impôt pour les dépenses productives, pour celles qui sont destinées à augmenter d'une manière durable la puissance et la richesse publiques.

Loin de s'inspirer de ces principes si simples et si conformes à la nature des choses, la commission du budget semble avoir éprouvé une sorte d'horreur pour le crédit.

## III

Nous excuserions volontiers cette aversion pour le crédit, si elle provenait de l'abus qu'on en a fait pour les dépenses de la guerre, de la dernière surtout, si follement entreprise contre la Prusse, sous l'influence et par l'effet du désordre des esprits, et de l'ambition des partis.

Mais, au contraire, ces répugnances de la Commission semblent être le résultat d'un système, d'une idée préconçue et arrêtée. Ainsi l'on n'a rien plus à cœur que d'exagérer l'amortissement de nos dettes. C'est pourquoi l'on voit encore inscrite au budget une somme de 150 millions pour le remboursement de l'emprunt à la Banque, avec le projet bien arrêté de l'y maintenir jusqu'à ce que cette dette, qui est encore de 600 millions, ait entièrement disparu ; nous ne serions même pas surpris qu'on eût la pensée d'appliquer une très-forte dotation à l'extinction de nos autres dettes. Ce serait une erreur profonde, une erreur déplorable.

Les dettes publiques ne doivent pas être éternelles ; il est bon que l'esprit se repose dans la pensée qu'elles ne grossiront pas indéfiniment ; mais, une fois qu'elles sont constituées, il ne faut pas tout sacrifier à leur remboursement. L'intérêt du créancier comme celui du débiteur s'y oppose.

La fortune d'une nation, de cet être multiple et collectif dont la vie est illimitée, ne peut-être, en aucune façon, administrée comme celle d'un particulier.

L'importance des dettes publiques a d'ailleurs pour correctif la réduction de l'intérêt qui s'impose nécessairement par l'effet du progrès de la richesse.

Quant à l'exagération des dettes publiques, c'est un fait absolument dépendant de la nature des dépenses. Toujours trop élevées quand elles sont le résultat de dépenses improductives, ces dettes sont, au contraire, un indice certain de prospérité, une richesse, quand elles servent à augmenter le capital moral et matériel d'une nation.

L'emprunt ne s'adresse qu'aux épargnes acquises, à celles qui recherchent un placement. L'emprunt recueille les capitaux qui s'offrent volontairement, tandis que l'impôt retire aux classes laborieuses une partie des ressources nécessaires à leur industrie.

Sous ce rapport, l'emprunt, substitué dans certains cas à l'impôt, deviendrait indirectement une des formes de la *commandite du travail*, et le rôle du Gouvernement, dans cette opération, ne serait que celui d'un intermédiaire bienveillant entre le capitaliste et le contribuable, mais d'un intermédiaire puissant et en possession du meilleur crédit, capable, par conséquent, d'améliorer la situation du contribuable.

Mais les emprunts, tant anciens que nouveaux, ne sont réguliers et indiscutables que lorsqu'ils doivent être amortis dans un délai déterminé et à jour fixe.

L'amortissement fait payer, au moyen de l'impôt, à la génération présente et aux générations futures, par fractions insensibles, une dépense qui a été faite dans leur intérêt commun. Dans le langage des affaires, cela s'appelle faire passer les dépenses dites de capital dans celles des frais généraux.

Les contribuables remboursent ainsi en détail aux porteurs des titres de rente, les fonds que ceux-ci ont avancés dour des travaux qui ont été soldés, non pas avec des capitaux de l'avenir, mais bien avec ceux des générations qui les ont exécutés, car les ouvriers ne se nourrissent pas avec le blé qui n'est pas encore semé, mais avec celui qui a été récolté et dont on s'est servi pour la fabrication du pain.

Il est nécessaire, à tous les points de vue, on ne saurait trop le répéter, que l'amortissement fonctionne régulièrement, pour ne pas laisser se perpétuer et grossir indéfiniment les charges de cette nature.

Ces préliminaires étaient indispensables pour aborder utilement la question de la réduction des taxes et celle des larges dotations à accorder à l'instruction et aux travaux publics, sans qu'il soit nécessaire de créer des charges nouvelles.

En résumé, le ministre des finances et la commission avaient à leur disposition pour pourvoir à ces grands besoins :

1° Les fonds qu'on aurait pu rendre disponibles, en étendant, sur une plus longue période, les remboursements à faire à la Banque.

2° L'économie provenant de la mesure de la conversion du 5 0/0, conversion qui s'impose par la force même des choses, soit, déduction faite de l'amortissement, 30 à 35 millions par an, qui, au besoin, auraient pu être capitalisés successivement et produire 6 à 700.

La commission du budget n'a pas même songé à user de ces ressources considérables qui s'offraient naturellement, et dont elle aurait pu se servir pour le soulagement et le bien-être de la nation.

Nous chercherons, dans un prochain chapitre, à montrer le parti qu'on aurait pu tirer de l'emploi de ces ressources, l'un des leviers les plus puissants qui aient jamais été mis à la disposition d'un gouvernement.

# CHAPITRE III

## LE DÉGRÈVEMENT DES IMPOTS

Ressources immédiates. — Capitalisation possible de ces ressources. — L'exemple de Robert Peel. — Dégrèvement des charges énormes qui pèsent sur les contribuables. — Conséquences de ce dégrèvement.

### I

On a pu voir, dans le précédent chapitre, de quelles importantes ressources on pouvait disposer, et pressentir le parti qu'on aurait pu en tirer pour opérer des réformes et réaliser des améliorations si vivement désirées.

Ces ressources consistent, comme nous venons de le voir :

Premièrement, dans les sommes qui seraient restées entre les mains du Gouvernement, si l'on avait voulu ajourner les remboursements annuels à faire à la Banque.

En sus des sommes mises préalablement à la disposition

du Gouvernement, un crédit de 125 millions reste encore ouvert ; mais la commission, n'entend point en user; elle continue à inscrire 150 millions au budget de 1877 pour le remboursement des sommes reçues antérieurement, et se félicite de cet acte de sagesse comme le ferait un particulier occupé à rédiger son testament et à clore tous ses comptes pour ne laisser aucune dette après lui.

Secondement, dans l'économie annuelle de 30 à 35 millions que l'on pourrait trouver par la mesure de la conversion du 5 0/0 en 3 0/0.

Ces ressources de 150 millions d'une part, de 30 à 35 millions de l'autre, pourraient être au besoin successivement capitalisées dans une période plus ou moins longue, ce qui ne représenterait rien moins qu'un chiffre de 3 à 4 milliards dont on disposerait sans augmenter d'un centime les charges actuelles de l'État.

On aura, sans doute, remarqué que, dans un esprit de modération, nous ne tenons aucun compte de la plus-value de 70 millions qui s'est produite dans les recettes du premier semestre, et qui se répétera sans doute dans celles du second.

Et cependant, c'est dans des circonstances aussi favorables que M. Cochery, rapporteur de la commission du budget, a cru devoir s'approprier le passage suivant de l'exposé des motifs du budget, sans en dégager la pensée réelle de M. le ministre des finances :

« La totalité des ressources actuelles est nécessaire, et les « seules questions qui puissent être traitées sont des questions « de meilleure assiette, de meilleure répartition, de péréqua- « tion, etc., toutes questions qui doivent être résolues sous la

« condition nécessaire que le budget n'ait pas à en souffrir. Si « l'on peut ainsi s'exprimer, nous avons besoin de tout l'ar- « gent qui est dans nos lois d'impôts, et les seuls changements « qu'on puisse poursuivre sont des changements qui ne tou- « chent pas à cet argent. Dans ces conditions, le budget peut « être voté, il doit même l'être, avant d'aborder aucun pro- « blème économique. L'édifice est construit, on ne peut re- « trancher aucune pierre ; si l'une d'elles est défectueuse, il « pourra convenir de la remplacer ultérieurement ; pour le « moment, l'important est de ne rien ébranler. »

Certes, nous ne voulons rien ébranler ; nous ne cherchons, au contraire, qu'à consolider ; nous voudrions même que l'apaisement que nous avons constaté fût plus complet dans les esprits, mais n'en déplaise à la commission du budget, l'édifice qu'on craint d'ébranler est peu solide ; il est lourd et mal construit ; au moindre orage, dont on n'est certes pas à l'abri par le temps qui court, il pourrait, s'il n'était réparé, éprouver de graves altérations et causer bien des mécomptes. Les matériaux abondent d'ailleurs pour cet usage ; ils sont même à pied d'œuvre, comme on dit en termes de maçonnerie.

## II

Procédons en conséquence, sans jalousie de métier, à l'examen de ces matériaux et voyons l'usage qu'on pourrait en faire.

Les impôts, il faut le reconnaître, ont été établis, à l'origine, sans souci des gênes et des entraves apportées à la production. La plupart des taxes remontent au moyen âge, et la plus importante des réformes que la Révolution y a apportées a été de les faire payer par tous les citoyens sans distinction.

Ils se ressentent de cette origine et, quoique appliqués avec plus d'égalité qu'autrefois, ces impôts frappent encore le travail dans les fonds mêmes de la richesse, dans les instruments de la production, dans la personne du travailleur, dans la matière première qu'il emploie. Ils s'emparent du produit au moment où il sort des mains du producteur, ils le suivent dans les magasins du commerçant et dans toutes les transformations que l'industrie lui fait subir. Ils l'atteignent dans les mains du détaillant, dans les mains du consommateur.

Le travaillleur est ainsi gêné à tout instant, et pour lui faire subir ces ennuis, ces pertes de temps, il faut à l'État une armée d'agents, qui diminue d'autant le nombre des intelligences et des bras employés à la production, et impose au pays un sacrifice annuel considérable en traitements et en salaires.

L'administration elle-même ne conteste pas que les procédés au moyen desquels l'argent est retiré des mains des contribuables, ne soient empiriques et routiniers ; mais il s'est établi, à ce sujet, une sorte de doctrine qui consiste à soutenir qu'en matière de contributions, le *statu quo* est le meilleur système, par la raison qu'au bout d'un certain temps, les intérêts se sont équilibrés sur la base des taxes perçues.

Une telle doctrine, qui est la négation de tout progrès, de toute amélioration, ne tendrait à rien moins qu'à justifier les impôts les plus funestes et à ériger en principe qu'il est inutile d'y toucher, parce qu'à côté de leurs plus mauvais effets se trouvent toujours, dans la commodité de l'ordre établi, des compensations suffisantes.

Cette doctrine est heureusement démentie par les faits.

Sans rappeler toutes les réformes dont l'histoire contemporaine fournit des exemples remarquables, bornons-nous à citer celle qui a eu lieu en Angleterre, sous l'influence de Robert Peel, et à constater le succès qui l'a couronnée, pour montrer la possibilité d'entrer dans la même voie. Cela est d'autant plus urgent que, chez nous, depuis quelques années, sous l'empire d'une fatale nécessité, toutes les sources des revenus privés ont été mises à contribution et que, au grand dommage, au détriment de tous les intérêts, il n'est pas une seule branche d'impôts qui soit restée inexplorée.

Le moment est donc venu de procéder à un large dégrèvement des charges écrasantes qui pèsent sur les contribuables et diminuent leur puissance productive, en suscitant toutes sortes d'entraves à leur travail.

Nous sommes convaincu qu'un pareil dégrèvement devra, dans un temps peu éloigné, amener une augmentation considérable de produits ; il n'y a même que les réductions d'une certaine importance qui puissent donner un semblable résultat, par la raison qu'elles augmentent les consommations anciennes et en créent de nouvelles, en appelant à participer à l'accroissement de production des classes entières aujourd'hui déshéritées.

Mais il est incontestable que ces réductions occasionneraient dans les premiers temps un déficit d'autant plus considérable qu'on aurait opéré plus largement afin de provoquer une révolution salutaire.

## III

Nous sommes heureusement en mesure de pourvoir à ce déficit. Nous ne voudrions pas uniquement procéder par voie de réduction, comme il serait convenable de le faire pour les droits qui pèsent sur les sucres et notamment sur ceux de nos colonies dont la souffrance va toujours croissant, ainsi que pour ceux des boissons, — dont le régime pourrait être considérablement simplifié, — pour ceux des patentes, des postes et de la télégraphie, comme enfin pour ceux du timbre et de l'enregistrement au point de vue des avantages incalculables qui en seraient la conséquence pour l'agriculture et pour le bien-être des vingt millions de Français qui peuplent nos campagnes ; nous voudrions aussi voir disparaître une foule de droits qui déparent notre budget, tels, par exemple, que ceux de la chicorée, de la statistique, du papier, des huiles minérales, de la bougie, et surtout l'impôt impossible et à jamais ridicule des allumettes ; mais, parmi les impôts que nous tiendrions le plus à voir rayer du budget, nous plaçons en première ligne celui de la petite vitesse et particulièrement celui du sel, non pas tant parce qu'il rappelle un impôt d'odieuse mémoire, *la gabelle*, qu'en raison du grand intérêt qu'y trouverait l'agriculture pour l'élève des bestiaux.

La viande manque en France, bien que le rêve d'un grand roi, celui de la poule au pot, soit en train de sortir de la région des songes. On peut, sans danger, en favoriser la production, en négligeant celle des céréales, puisque notre approvisionnement en blé est assuré, grâce aux chemins de fer que nous avons aidé à construire en Russie, en Autriche, en Espagne, grâce à nos Transatlantiques qui, par la rapidité et la régularité de leur marche, mettent l'Amérique à huit jours de la France, et nous permettent de compter, comme le fait au surplus l'Angleterre, sur le secours indéfini des terres du nouveau monde.

## IV

Voilà certes un beau programme.

Tiendra-t-il toutes ses promesses ?

Nous nous appuyons, à cet égard, sur l'exemple mémorable de l'Angleterre.

Lorsque le gouvernement anglais est entré dans la voie de la réduction des impôts, — en 1842, — le budget était en déficit depuis plusieurs années.

Dans les cinq exercices de 1837-1838 à 1841-1842, l'excédant des dépenses sur les recettes avait été de 190 millions de francs et, pour le dernier seulement, de 60 millions.

On avait essayé d'y remédier par un accroissement des taxes ; le remède avait échoué. Ce fut alors que Robert Peel, rentrant aux affaires, forma le dessein de guérir le mal par des réductions d'impôt.

Pour couvrir d'un même coup le déficit existant, ainsi que la diminution qui devait résulter, dans les premières années, de la réduction des taxes, l'Angleterre a employé un procédé qui, dans notre opinion, ne serait pas applicable chez nous : elle eut recours à l'impôt sur le revenu, à *l'income-tax*.

Les réductions ont porté successivement sur toutes les branches d'impôt, et constamment les mêmes résultats se sont produits.

La seule réduction du droit sur les sucres, qui était, en 1842, de 59 francs et qui a été abaissé jusqu'à 34 francs, a élevé la consommation de 200 millions de kilog. à 500 millions, et le produit de l'impôt de 120 millions de francs à 170 millions, ce qui a procuré un accroissement de revenu de 50 millions, en même temps que les relations commerciales prenaient un développement considérable et augmentaient la puissance déjà si grande de la marine de ce pays.

Le produit de la taxe des lettres a sextuplé en vingt ans ; de 620,000 livres sterling en 1842, il est monté à 3,510,000 livres sterling en 1862.

Mais ce qu'il faut considérer, ce n'est pas seulement l'effet de tel ou tel dégrèvement isolé, c'est l'effet général que la réduction des droits a exercé sur le revenu public correspondant à ces droits mêmes.

Voici quels ont été les résultats de cette grande expérience pendant une période de vingt années, de 1842 à 1862 :

| | livres sterling. |
|---|---|
| Les produits réunis des douanes, de l'accise, du timbre et de la poste, qui montaient en 1841, avant la réforme, à 43 millions 167,896 livres sterling, et qui étaient tombés en 1842, sous l'effet des premières réductions à | 40,842,170 |
| s'étaient relevés en 186., après d'énormes réductions de droits, à . . . . . . . . . . . . | 54,106,945 |
| Soit une augmentation de . . . . . . . . . . | 13,264,775 |

ou de 331,619,375 francs.

Si l'on compare les produits de l'exercice 1862 à ceux de

l'exercice 1841, qui avait précédé la réforme, l'augmentation est un peu moindre, mais elle est encore de 10,939,049 livres sterling ou de 273,476,235 francs.

Pendant cette période, l'impôt sur le revenu véritable thermomètre de l'accroissemement de la prospérité du pays, qui n'avait produit en 1842 que 2,456,287 livres sterling s'est élevé, dans le dernier budget de 1863 dont M. Gladstone a rendu compte, à 8,600,000 livres sterling, les bases de cet impôt étant les mêmes dans les deux années.

Dans cet intervalle, le produit du travail national s'est donc accru dans une énorme proportion.

Pendant la période suivante, de 1862 à 1874, les résultats que nous venons d'indiquer ne se sont pas seulement maintenus et confirmés : ils ont acquis une bien plus grande importance.

Les produits réunis des douanes, de l'accise, du timbre, de la poste et des télégraphes, qui étaient en 1862

| | Livres sterling |
|---|---|
| de. . . . . . . . . . . . . . . . . . . . . . . . . | 54,106,945 |
| ont atteint, en 1874. . . . . . . . . . . . . . . . . | 65,063,000 |
| soit, après 12 ans, un nouvel accroissement de | 10,956,055 |

ou 273,900,000 francs.

Ces produits, en 1874, excèdent donc de 600 millions de francs ceux de 1842.

Ainsi, de 1842 à 1862, grâce à la réduction importante des taxes, on couvre les déficits, on rétablit l'équilibre des budgets, et l'on obtient des excédants considérables de recettes ; puis, dans une deuxième période de 1862 à 1874, on réduit de nouveau les taxes, au moyen des excédants obtenus, sur les principaux objets de consommation, tels que le sucre, le café, le thé, etc.....; on supprime une foule d'impôts secondaires, ceux des bois, du poivre, du papier, du timbre des assurances, etc..., et les recettes donnent toujours de tels excédants, qu'on arrive même à supprimer complétement tout droit sur les sucres et les blés. Malgré ces suppressions, les recettes réalisées sur la consommation des objets qui restent encore soumis à l'impôt sont assez considérables pour permettre de réduire le capital de la dette de 1 milliard, chose qui ne s'était jamais vue, et de diminuer parallèlement le taux de l'income-tax.

Tandis qu'en 1862, le produit de l'income-tax était de 8,600,000 livres sterling, il n'est plus, en 1875, que de 4,300,000 livres, par suite de la réduction de plus de moitié que l'état prospère des finances a permis d'opérer sur cette taxe.

Rien ne fait mieux comprendre que ces chiffres le véritable rôle de l'income-tax en Angleterre. Rétabli, comme nous le disions plus haut, pour couvrir les déficits résultant, pendant les premières années, de la réduction des taxes, on le maintient pendant la période de la réforme; puis on le réduit, quand les déficits ont disparu pour faire place aux excédants, sauf à y recourir encore pour faciliter de nouveaux dégrèvements ; c'est comme le volant qui, dans les machines, régularise le mouvement.

Ajoutons, pour compléter ce tableau de l'accroissement de puissance industrielle acquise pendant ces douze années, que le produit des postes s'est élevé de 3,510,000 livres sterling, chiffre de 1862, à 5,800,000 en 1874.

Quant aux chemins de fer, le réseau qui comprenait, en 1862, 18,350 kilomètres donnant une recette de 725 millions de francs, atteignait, en 1874, 26,300 kilomètres avec une recette de 1,443 millions. Les frais de construction de tout ce réseau sont de 600 millions de livres sterling, soit 15 milliards de francs dépensés en quarante ans.

Enfin la valeur totale des importations et des exportations réunies, qui était, en 1862, de 9 milliards 700 millions, s'est élevée à 16 milliards en 1872.

Quel développement de travail, quelle activité commerciale, et par conséquent quel accroissement de bien-être indique une pareille augmentation de revenu obtenue par la réduction des taxes, sans parler des blés qui entrent en franchise en quantités considérables !

L'Angleterre est aujourd'hui, de tous les pays de l'Europe, celui où le fisc gêne le moins l'industrie, et le commerce du monde entier concourt à l'amélioration des conditions de l'existence de sa population.

## V

Le succès du système de dégrèvement pratiqué en Angleterre a donc été complet, et ce succès ne peut que nous encourager à entrer résolûment dans la même voie, dans cette voie où le peuple, désabusé des vaines promesses de ses courtisans, trouverait enfin l'allégement du fardeau séculaire qui l'accable. Malheureusement, l'insuffisance de ces courtisans, qui le dirigent encore sans titres sérieux à sa confiance, le condamnera longtemps peut-être à subir les charges sous lesquelles il ploie.

Après avoir traité du dégrèvement des impôts, il nous reste à envisager les conséquences que devrait avoir le nouveau système financier sur le développement de l'instruction et sur l'extension des travaux publics.

# CHAPITRE IV

## INSTRUCTION PUBLIQUE — TRAVAUX PUBLICS

Ressources que fournirait la conversion du 5 pour 100 en 3 p. 100. — Les 125 millions inscrits à la Banque de France au compte du Trésor. — Perfection de notre outillage industriel. — Nécessité de perfectionner l'instruction morale et professionnelle du peuple. — Les grands travaux. — Les canaux. — L'abaissement des tarifs des chemins de fer. — Moyens d'exécution.

### I

Tout en adhérant pleinement à notre programme, quelques personnes pourraient craindre que la commission persévérât dans les errements actuels vis-à-vis de la Banque et que, l'économie sur laquelle nous comptons de ce chef venant à manquer, l'application de nos projets ne s'en trouvât retardée.

Il n'en est rien. L'ajournement des remboursements qu'on fait à la Banque serait un acte de sage et bonne administration; mais l'absence des ressources que procurerait cet ajournement ne pourrait retarder l'adoption de nos plans. L'économie résultant de la conversion du 5 pour 100 fournirait largement encore les moyens de les mettre à exécution; et, cette économie elle-même venant à manquer, il resterait alors le recours direct au crédit.

On n'aurait que le regret de n'avoir pu accomplir, sans qu'il eût été nécessaire de faire le moindre appel onéreux au crédit, la plus grande réforme financière des temps modernes.

Dans tous les cas, l'attente ne serait pas longue, car la Banque de France, devant être complétement remboursée à la fin de 1879, les ressources qui servent aujourd'hui à cette libération deviendraient à ce moment disponibles.

Ce n'est pas seulement un dégrèvement d'impôts que nous voudrions obtenir, quoique un dégrèvement dans les proportions qui ont été indiquées soit un véritable événement, une entreprise de la plus haute importance.

Notre ambition est plus haute.

Nous voudrions, comme l'on sait, comprendre dans notre programme le plus large développement donné à l'instruction comme aux travaux publics; et cela serait possible sans que, de longtemps, il en coûtât un centime aux contribuables.

Nous n'hésitons pas à classer, parmi les dépenses les plus utiles, celles qui auraient pour objet d'élever à un niveau supérieur les forces productives de la population, abstraction faite du capital, c'est-à-dire les dépenses destinées à généraliser l'instruction primaire et l'instruction professionnelle.

Le demi-siècle qui vient de s'écouler a été bien rempli; l'application de la mécanique à l'industrie et l'emploi de la vapeur sont venus, dans cette période féconde en progrès, décupler les richesses sociales, améliorer dans des proportions considérables les conditions de l'existence et surtout économiser les forces humaines, diminuer le labeur matériel des classes ouvrières, affranchir ainsi leur intelligence, si longtemps engourdie par les fatigues corporelles.

Mais l'ardeur qu'on a déployée pour améliorer les instruments propres à utiliser les forces aveugles de la nature, a fait, pour ainsi dire, perdre complétement de vue le développement des forces humaines, l'importance de l'éducation et de l'instruction professionnelle, le perfectionnement de l'homme enfin, dont la culture morale et intellectuelle est le point de départ et l'élément de tout progrès, de l'homme des classes populaires surtout, sur lequel repose l'édifice social et qui, à ce titre, devrait être l'objet de tous les bienfaits de la civilisation.

C'est ainsi que, sous l'influence des découvertes les plus remarquables, des efforts les mieux combinés, les machines, comme les diverses parties de notre outillage industriel, sont parvenues au plus haut degré de perfection.

Mais, nous le répétons, ne serait-il pas opportun de s'occuper aussi désormais de l'amélioration morale et intellectuelle des classes les plus nombreuses?

De même qu'à l'origine de l'application de la vapeur, on ne pouvait en prévoir les merveilleux effets, de même on ne se doute pas de ceux que produirait l'instruction largement répandue chez le peuple.

On n'aurait cependant, pour les apprécier, qu'à comparer, dans leurs résultats, le travail de l'ouvrier libre et émancipé et celui de l'esclave; les produits sont toujours en rapport avec l'habileté du travailleur et avec l'intérêt qu'il a à les créer, avec la satisfaction accordée aux instruments de la production.

## II

Le peuple, comme on l'a souvent observé, est encore à l'état sauvage; nous ne nous en apercevons que trop à chacune de nos révolutions. Dans cet état, il est la proie des déclamateurs les plus dangereux, les plus vides, les plus dénués de sentiments réels de bienveillance pour son sort; et ces déclamateurs, ces hommes qui n'ont pu trouver régulièrement leur place dans la société, se servent du peuple qu'ils ont égaré comme d'un instrument docile pour escalader le pouvoir, croyant qu'il n'y a plus rien à faire quand ils y sont parvenus et qu'ils en savourent les douceurs.

Les Barbares sont toujours à nos portes! A qui doit-on imputer la faute de cet état de choses, si ce n'est aux classes éclairées, qui seules ont le pouvoir de le modifier?

*A qui la faute?* C'est la question que se pose notre grand poëte dans quelques vers de *l'Année terrible*, que nous citons d'autant plus volontiers qu'ils expriment fortement une idée juste :

*Tu viens d'incendier la bibliothèque?*
*— Oui,*
*J'ai mis le feu, là.*
*— Mais c'est un crime inouï!*
*Crime commis par toi contre toi-même, infâme!*
. . . . . . . . . . . . . . . . . . . . . . . . . . . .
*Ce que ta rage impie et folle ose brûler,*
*C'est ton bien, ton trésor, ta dot, ton héritage!*
. . . . . . . . . . . . . . . . . . . . . . . . . . . .
*Et tu détruis cela, toi!*
*— Je ne sais pas lire.*

Nous le disons avec la plus entière conviction, la chose qui presse le plus, celle qui est de la plus extrême urgence, celle dont le Gouvernement et les Chambres devraient s'occuper sans perte de temps, c'est de l'éducation et de l'instruction professionnelle du peuple.

Voilà de bonnes dépenses, voilà des dépenses éminemment productives et dont l'intérêt comme l'amortissement seraient bientôt payés avec usure.

Nous commettrions cependant la plus souveraine injustice, hâtons-nous de le dire, si nous pouvions méconnaître les efforts qui sont faits en ce moment dans cette direction.

M. le ministre de l'instruction publique, la commission du budget ont rivalisé de zèle pour témoigner de l'intérêt que cette question leur inspirait.

Mais ce qui a été fait n'est rien aupres de ce qu'il y aurait à faire.

Avons-nous besoin de répéter ce que nous avons dit bien des fois : qu'est-ce que cette infime question de la collation des grades si pompeusement soulevée et poursuivie, auprès de celle qui embrasse le développement intellectuel et moral de la classe la plus nombreuse de la nation?

On ne se doute pas que, sur la population de la France, qui est de 36,102,921 individus (1), il y a 13,324,801 individus qui ne savent ni lire ni écrire, et 3,772,603 qui ne savent pas écrire.

L'éducation secondaire n'appelle pas de moins grandes réformes que l'instruction primaire.

Nos écoles, tout le monde en convient, produisent trop

(1) Recensement de 1872.

d'avocats, trop de littérateurs, et pas assez d'hommes propres aux fonctions qu'ils auront à remplir dans la société. Il y a même disette complète d'hommes pratiques, et le sentiment public est bien nettement formé à cet égard. N'entendons-nous pas répéter partout que les hommes capables manquent absolument?

Pourquoi dès lors ne cherche-t-on pas à en former?

Nous en avons dit assez pour montrer qu'on ne remédiera pas au mal dont tout le monde reconnaît l'existence sans faire un puissant effort. Ce n'est pas avec les quelques millions qu'on a ajoutés au budget de l'instruction publique qu'on y parviendra, car c'est par centaines de millions qu'il faudrait procéder.

Le travail à entreprendre sous ce rapport est aussi important, et il sera aussi bien autrement productif que celui des chemins de fer.

Les États-Unis consacrent 500 millions à l'instruction primaire.

C'est par le développement de l'instruction que la Prusse s'est relevée des échecs profonds que lui avait infligés le premier Empire.

L'instruction, suivant nous, devrait être GRATUITE à tous les degrés.

Nous rayons le mot OBLIGATOIRE parce qu'il complique la question et qu'il est complétement inutile.

L'attrait des avantages que procurera l'instruction sera toujours assez grand pour qu'on n'ait pas besoin de recourir à l'emploi des pénalités.

## III

Le développement de l'instruction se lie essentiellement, pour les masses, à un affranchissement plus complet des besoins matériels ; et, pour l'obtenir, il faut créer un état de choses tel que les salaires puissent augmenter naturellement, par l'effet d'une grande demande de travail et par celui du progrès de la richesse ; autrement, la société serait obligée de prendre à sa charge toutes les dépenses indirectes qu'entraînerait l'instruction des enfants du peuple, car on ne peut imposer aux parents des dépenses auxquelles ils seraient dans l'impuissance de subvenir.

Pour atteindre ce but, il serait nécessaire d'organiser de grands travaux.

Il faudrait notamment compléter au plus tôt, en y employant toutes les forces dont le pays pourrait disposer, le réseau de nos voies de communication de toutes sortes, en commençant par celui des chemins de fer, afin d'utiliser le capital énorme qui a été déjà consacré à cette belle création.

Il y a peut-être 80,000 kilomètres de voies vicinales ferrées à exécuter en dehors des lignes complémentaires des deux réseaux, et, pour ce grand effort, le concours combiné de l'industrie, de l'État et des communes est indispensable.

Ce n'est pas que nous entendions négliger le moins du monde les routes de terre, les canaux, l'amélioration des rivières et celle de nos ports, ainsi que l'aménagement des eaux, de manière à prévenir les inondations et à généraliser le système des irrigations ; mais nous n'entendrions pas créer ces nouvelles voies de communication dans la pensée de nuire aux Compagnies de chemins de fer.

Ce n'est pas avec la perspective de pareils travaux, perspective qu'il faut envisager avec fermeté et résolution, qu'on peut songer, comme l'a fait la commission du budget, à engager une lutte contre les Compagnies de chemins de fer. Creuser des canaux dans le seul but de susciter des concurrences à ces compagnies et de les amener ainsi à abaisser leurs tarifs, est à la fois un mauvais calcul et une mauvaise action.

Et qu'on ne croie pas que nous reculions devant l'idée de l'abaissement des tarifs ; dans cette voie, nous irions bien au delà de la commission du budget, si les chemins de fer appartenaient à l'État et si la France était assez riche pour se permettre ce luxe.

Dans cette double hypothèse, nous irions peut-être jusqu'à ne demander que le remboursement des frais d'exploitation pour le transport des hommes et des choses.

La circulation prendrait alors un tel développement, l'utilisation de toutes les forces des chemins de fer serait si complète, qu'un voyageur n'aurait à dépenser que 1 à 2 francs pour atteindre toutes les extrémités du territoire, pour aller à Bordeaux, Bayonne, Lyon, Cette, Perpignan, Marseille, Lille, Calais, Dunkerque.

Une tonne de marchandises pourrrait être transportée à *moins d'un centime* par kilomètre.

Ce serait le complément de la révolution qui s'est opérée pour la poste et la télégraphie.

La facile circulation des idées, des travailleurs et des produits du travail serait complète, absolue.

Le droit d'aller et de venir serait alors une réalité, bien différente en cela du droit abstrait et éphémère qui fut inscrit dans la Constitution de 1848, Constitution jurée cependant et proclamée solennellement à la face du soleil, par nos représentants, devant le peuple assemblé.

La supériorité de notre industrie sur celle des autres nations serait dès lors décidément bien assurée, et notre prépondérance politique pacifiquement établie.

Mais, pour réaliser un si merveilleux état de choses, que de temps faudra-t-il encore? Dans tous les cas, l'État devrait s'être préalablement rendu maître des chemins de fer par des voies légales et non par des menées souterraines, par la voie de l'expropriation et de l'indemnité pour cause d'utilité publique, et non par celle d'une concurrence de mauvais aloi.

Les moyens légaux seraient de l'exécution la plus facile, car on a prévu dans les cahiers des charges des Compagnies de chemins de fer le cas de leur reprise par l'État et l'on en a même déterminé les conditions.

Mais le moment est-il venu d'y procéder?

Il est permis d'en douter, du moins quant à présent; car dans son œuvre actuelle d'amélioration et de pacification la France ne doit pas rejeter le concours des forces privées auxquelles elle doit sa prospérité.

Lorsque, en 1848, MM Duclerc et Garnier-Pagès se trouvèrent portés au pouvoir, la reprise des chemins de fer par l'État fut leur première pensée; ils y procédèrent, nous devons le reconnaître, de la manière la plus honorable: ils se mirent en rapport avec les représentants de toutes les Compagnies et

4

les appelèrent à en discuter librement les conditions ; un seul membre du Gouvernement provisoire de cette époque voulut faire entendre la voix de la menace et de la contrainte pour aggraver la situation, alors malheureuse, de ces entreprises; ce fut celle de M. Louis Blanc, qui trônait au Luxembourg d'où il essayait de pétrir la société française à sa guise.

Cette voix resta sans écho, mais M. Louis Blanc n'en contribua pas moins à faire échouer le projet; l'émeute fit le reste. Ils s'y sont usés, tous ces théoriciens incomplets, comme le feront ceux de nos jours à qui la pratique des affaires manque complétement; il n'est d'ailleurs donné à personne de violer impunément les droits éternels de la justice ; ces droits ne se prescrivent pas.

# CHAPITRE V

## LES EMPRUNTS PRODUCTIFS

Espérances déçues. — Idée de systématisation de l'émission des Emprunts. — Les dépenses reproductives et d'une utilité séculaire. — De l'amortissement. — Emprunts de la ville de Paris. — Nécessité d'assurer un lendemain aux travailleurs.

### I

Au point où est parvenue cette discussion sur le budget et sur les réformes dont il est susceptible, il est nécessaire de résumer ce qui a été dit et de compléter les explications qui ont été données.

Nul, parmi les hommes modérés des divers partis, ne conteste qu'il n'y ait quelque chose à faire pour arriver à une modification sérieuse de notre système d'impôts ; nul ne conteste qu'on ne doive s'efforcer de diminuer la part de chacun dans les charges publiques par l'abaissement des taxes, et de renoncer à certains impôts dont l'existence ne peut plus se justifier.

Le nombre des amendements qui ont été présentés dans ce but l'atteste suffisamment.

De même, on reconnaît généralement qu'il est urgent d'améliorer la condition morale, intellectuelle et matérielle du peuple, et que le meilleur moyen d'obtenir un résultat si désirable serait de donner un grand essor à l'éducation professionnelle; d'accorder enfin un très-large développement à tous les travaux d'utilité publique.

Il semblait que ce fût l'œuvre à laquelle devaient se consacrer avant tout les pouvoirs issus de la première application de la Constitution républicaine.

Ces espérances ne se sont pas réalisées.

Non-seulement il n'a été rien tenté de sérieux pour la réalisation de ce programme, mais on a impitoyablement repoussé toutes les propositions libérales, même les plus modestes; tous les amendements qui pouvaient tendre à modifier d'une manière quelconque l'assiette du budget ont été systématiquement écartés.

« Nous avons besoin de tout l'argent qui est dans nos lois « d'impôt, et les seuls changements qu'on puisse poursuivre « sont des changements qui ne touchent pas à cet argent, a-t-on « répété à l'envi après M. le ministre des finances, ne cher- « chez pas à ébranler l'édifice du budget; on ne peut en re- « trancher une pierre. »

Et la commission du budget d'obéir sans murmures, avec éloges même, à ces instructions ministérielles mal comprises!

Nous n'avons donc qu'à nous incliner et à attendre, jusqu'en 1880, que l'on ait achevé les remboursements qu'on prodigue à la Banque de France, bien que les emplois de fonds de cet établissement n'aient cessé de diminuer de jour en jour dans ces dernières années.

Il restait du moins l'espoir de voir se produire une certaine économie par la réalisation de la mesure de la conversion du 5 0/0. Cette importante mesure a été elle-même ajournée.

Nos plans n'ont donc plus d'application immédiate; mais la discussion qu'ils soulèvent n'en reste pas moins à l'ordre du jour de l'opinion publique, cette « reine du monde, » seule royauté qui subsiste en France et qui sache faire respecter ses arrêts.

Laissons de côté toutes les combinaisons de trésorerie que nous avions en vue pour réaliser, sans la moindre surcharge, toutes les améliorations qu'il était possible d'accomplir dans les premières années, et revenons, pour la suite de nos développements, à la grande division du budget en dépenses administratives et en dépenses productives, les unes à solder par l'impôt, les autres par l'emprunt.

## II

Mais comment parler d'emprunt, lorsque la nation ploie sous le fardeau de ceux que lui a imposés une guerre funeste ?

Nous l'oserons cependant, parce qu'il faut distinguer les emprunts productifs, — comme ceux que font journellement les Compagnies de chemins de fer et qui donnent des produits au moins égaux, sinon supérieurs aux charges qu'ils imposent, — des emprunts improductifs, comme ceux qui ne servent qu'à solder les dépenses de la guerre, à combler des déficits ou à rétablir l'équilibre instable des budgets.

Ces derniers emprunts sont toujours trop considérables; cependant ce sont ceux qui sont votés avec le moins de difficultés, et cela, parce qu'au moment où ils sont présentés aux Assemblées législatives, le vote en est devenu indispensable, inévitable ; il doit être donné sans hésitation, sinon sans discussion et sans regret. Il n'en est pas de même des emprunts productifs, bien qu'on puisse les multiplier sans inconvénients, à la condition de se tenir dans la limite des facultés du pays. On hésite cependant, et l'on recule devant leur acceptation, quoique ces emprunts améliorent la situation générale, sans imposer des charges nouvelles au pays.

L'idée de systématiser l'émission des emprunts productifs est trop neuve pour que l'esprit public ait eu le temps de se familiariser avec elle; on a de la peine encore à admettre la pensée de l'application régulière et prévue du budget au soulagement des contribuables, à l'amélioration des conditions du travail, à l'élévation matérielle et intellectuelle des populations, toutes choses qui accroissent le fonds même de la richesse, la puissance productive de la nation, le bien-être de toutes les classes.

Si ce progrès était accompli dans les esprits, l'examen de ces emprunts se ferait alors librement, avec maturité ; le salut public ou l'honneur du pays n'étant plus en jeu, il ne s'agirait que d'apprécier si les dépenses auxquelles on proposerait de pourvoir à l'aide du crédit seraient reproductives et d'une utilité séculaire ; si elles contiendraient en elles-mêmes une compensation suffisante; si elles rentreraient, enfin, à ce titre, dans la catégorie des dépenses qui, par leur nature, pourraient être soldées par l'emprunt.

Ce ne sont pas les capitaux qui manquent en France; ils y abondent au contraire, et l'usage qu'on en ferait dans un grand intérêt public aurait les plus heureux résultats.

L'Angleterre a pu, sans s'appauvrir, même en s'enrichissant, fournir, par l'impôt supplémentaire de l'*income-tax*, un capital de trois milliards et demi en vingt ans, au moyen duquel elle a conquis une amélioration immense qui a affermi sur leurs bases la société et l'État; mais ce capital est loin d'avoir été consacré exclusivement à la réforme des impôts; il a servi surtout aux accroissements qu'a reçus sa marine. La réforme des impôts lui a donné assez rapidement des excédants considérables.

Si, pour nous approprier les bénéfices de la même conquête, nous demandions au crédit, au lieu de les demander à l'impôt, les fonds qui seraient nécessaires, si nous les réalisions à l'aide d'une série d'emprunts successifs embrassant une même période de vingt années, le crédit de la France, loin d'avoir à souffrir d'une pareille opération, se trouverait affermi; il en serait des titres nouveaux qui viendraient sur le marché de capitaux comme de ceux qu'émettent incessamment les Compagnies de chemins de fer, sans que les cours cessent de s'améliorer.

On ne saurait trop le répéter, l'effet de tout appel aux capitaux, soit par l'État, soit par l'industrie privée, dépend uniquement de la nature de l'emploi qu'on donne aux fonds ainsi obtenus. Si l'usage est utile, si l'emploi est bon, l'effet sera correspondant.

Ce qui nuit en ce moment à notre crédit, ce ne sont pas les

capitaux qu'on consacre annuellement aux travaux utiles, c'est plutôt l'emploi improductif d'une trop grande partie des ressources du budget.

## III

La situation actuelle de nos fonds publics, beaucoup trop inférieure à celle des fonds anglais, ne tient ni à une pénurie relative de capitaux disponibles, ni aux nouveaux emplois qui leur sont offerts par les besoins de l'industrie moderne ; elle tient aux incertitudes de la politique ; elle tient aux restrictions qui gênent encore les transactions industrielles et financières, restrictions qui, en déprimant les cours de plusieurs valeurs, des plus importantes, réagissent sur celui de la Rente ; elle tient à l'imperfection et à l'insuffisance des moyens de circulation et de crédit.

L'Angleterre, où le crédit, sous toutes ses formes, a pris les plus grandes proportions, n'est-elle pas l'un des marchés où l'on va puiser la plus grande masse des capitaux pour les entreprises et les emprunts du monde entier?

Le développement de sa richesse en a-t-il souffert? Le cours de ses fonds a-t-il cessé de s'élever?

Il est vrai qu'en Angleterre, on connaît parfaitement les véritables lois de la production, on sait que la source de la richesse n'est autre que le travail, et qu'elle est d'autant plus abondante que le travail est plus respecté, plus libre, plus encouragé ; on sait, enfin, que la hausse des fonds publics dépend de l'élévation du niveau de toutes les fortunes, par la concurrence des nouveaux capitaux que produit incessamment le travail de plus en plus affranchi de toute entrave.

Chez nous-mêmes, la ville de Paris ne voit pas diminuer son crédit, parce qu'elle a recours au système des emprunts pour exécuter, en quelques années, des travaux qui auraient demandé autrefois une suite de siècles ; ces travaux enrichissent nos finances municipales au lieu de les compromettre.

Les milliards employés dans la construction de nos chemins de fer n'ont pas appauvri la nation : c'est, au contraire, à cet emploi de ses capitaux que nous devons attribuer la facilité avec laquelle elle a pu supporter les guerres de ces vingt dernières années et les lourdes charges qu'elles ont entraînées.

Les ressources sont considérables en France; elles le seraient d'autant plus que le crédit public, régénéré, donnerait une nouvelle impulsion à la prospérité du pays, un nouveau gage au maintien de la paix, et les capitaux français ne seraient pas les seuls dont nous aurions alors la disposition : l'Europe entière nous apporterait une partie des siens.

On évalue en ce moment, en France, le montant des épargnes qui ne cherchent pas un emploi dans les transactions privées à plus de deux milliards, dont le quart se place chaque année dans les travaux publics exécutés par les grandes Compagnies françaises, et dont une autre portion égale au moins, sinon supérieure, va se placer et malheureusement SE PERDRE dans les entreprises et dans les emprunts étrangers. Pourquoi ne chercherions-nous pas à retenir chez nous des ressources si précieuses, et à les utiliser au profit de la nation par l'adoption d'un ensemble de mesures de la nature de celles que nous avons indiquées?

Notre budget se trouverait aujourd'hui régénéré et la réforme des impôts serait accomplie, si nous avions consacré à cet usage les milliards qui ont servi à entretenir les harems des sultans et des pachas, à solder les folles prodigalités du khédive, ou les dépenses de gouvernements infidèles à la foi jurée comme celui du Pérou...

Il serait enfin difficile d'imaginer une opération qui fût destinée à devenir plus populaire.

La nation se passionnerait pour le crédit public, si elle pouvait y voir la source de sa prospérité, de sa grandeur politique, la source de la concorde intérieure et d'un affermissement certain de l'ordre social.

Lorsque les contribuables y verraient surtout le moyen de réduire l'impôt, tout le monde aiderait à l'élévation graduelle des fonds publics ou à l'abaissement de l'intérêt, ce qui est tout un.

Quelle influence n'exercerait pas sur cette masse de travailleurs la certitude acquise par elle que sa régénération et ses progrès futurs ont désormais le crédit public pour instrument principal ! Quelle confiance alors dans ses résultats ! Quels efforts de la part de tous pour lui conserver sa force et accroître ses bienfaits !

Les chemins de fer ont déjà employé une somme de dix milliards qui a décuplé les forces productives du pays ; ils vont bientôt s'achever. Il faut maintenant, pour offrir un emploi aux capitaux qui se forment incessamment, concevoir un nouvel ordre d'entreprises publiques. Il ne peut pas y en avoir de plus profitable que la réalisation complète du programme que nous avons formulé.

Achever notre système de viabilité, couvrir la France d'écoles; faire surtout que tout le monde puisse en profiter, rendre à la production une partie des capitaux que des taxes trop élevées ou mal établies lui enlèvent, affranchir le travail des entraves fiscales qui le paralysent et en diminuent la fécondité, augmenter à la fois les profits et les salaires, n'est-ce pas le programme le plus naturel et le plus utile à se proposer après la création des chemins de fer?

Et pour compléter ce tableau des améliorations nécessaires dans la condition du peuple, nous ajouterons la nécessité de lui assurer un LENDEMAIN par le développement des institutions de prévoyance, par l'extension à donner à la caisse de la vieillesse, extension qui, dans certaines combinaisons que nous exposerons plus tard, pourrait procurer des centaines de millions par an à l'État.

On conçoit, sans qu'il soit utile d'insister davantage à cet égard, les améliorations de toute nature que la nouvelle application du crédit que nous recommandons, permettrait d'introduire dans l'existence du peuple, les liens qu'elle établirait entre toutes les classes, l'attachement universel qu'elle inspirerait pour l'ordre social.

Ce serait la pacification profonde du pays, parce que, sous ce nouveau régime financier, la démocratie comprendrait qu'elle a la faculté de conquérir régulièrement, dans la société, la place que lui promettent les droits politiques dont elle est investie, et qu'elle peut l'obtenir sans effort violent et sans nouvelles luttes entre le capital et le travail. Ce serait la véritable réalisation de l'égalité, inscrite comme un droit dans nos Constitutions, de cette égalité appelée à passer de la théorie dans la pratique et qui doit, selon le mot de Condorcet, devenir un fait.

# DEUXIÈME PARTIE

---

# CONVERSION

## RÉDUCTION DE L'INTÉRÊT

# CHAPITRE PREMIER

## OPPORTUNITÉ ET UTILITÉ DE LA CONVERSION

Abondance des capitaux. — Cours de nos fonds d'État. — Possibilité de la conversion (1). — Ce qui s'est passé en France, en Angleterre, en Prusse, en Belgique. — Elle doit s'opérer en rentes 3 pour 100. — Avantages qui en résulteraient.

### I

L'abondance des capitaux, en France, est un fait indéniable; cette abondance se manifeste de tous côtés par des signes éclatants, irrécusables. Ainsi, pour ne citer que les faits principaux, la Banque de France escompte à 3 pour 100, et malgré la faiblesse de ce taux, les demandes d'escompte sont rares et peu importantes relativement. En dehors de la Banque, une foule d'établissements de crédit escomptent les bonnes valeurs à 1 1/2 pour 100 et même au-dessous. L'emploi de l'argent disponible en reports, sur les valeurs de

(1) Ce chapitre a été écrit à la date du 28 juillet 1876.

Bourse, est devenu à peu près impossible, puisque les reports se traitent souvent à égalité, et que dans beaucoup de cas ils représentent à peine l'intérêt à 2 pour 100 du capital employé. La Banque a dans ses caisses 2 milliards 76 millions de numéraire, et tout indique que des millions vont encore s'ajouter aux milliards qui font grève dans cet établissement.

Quant au placement fixe, les capitalistes, justement effrayés par les pertes cruelles qu'ils ont subies sur les fonds d'État à l'étranger, en Turquie, en Égypte, au Pérou, hésitent dans le choix des valeurs autres que les valeurs françaises, quelle que soit la solidité du gage. Ils se portent de préférence sur la Rente et sur les obligations de chemins de fer dont l'intérêt se réduit chaque jour.

On a vu, enfin, avec quel empressement inouï l'emprunt de la Ville a été enlevé ; le chiffre des fonds déposés pour la souscription a été de 650 millions environ.

Nos fonds publics ont atteint des cours inespérés. Le 5 pour 100 est à 107 05 et le 3 pour 100 à 69 80. Les cours de ces fonds seraient encore bien autrement élevés sans la crainte d'une conversion prochaine, ou d'un remboursement au pair de notre 5 pour 100.

La prévision de cette conversion est depuis longtemps admise, et jamais l'opportunité d'une mesure semblable ne fut plus évidente ; elle est dans l'air ; tout le monde s'y attend, tout le monde la désire comme une solution, comme un dégagement de la pléthore du marché des capitaux.

Au moment où cette mesure fut tentée, en mars 1852, nos fonds publics n'étaient pas aussi élevés qu'aujourd'hui ; le 5 pour 100 n'était qu'à 103 60 et le 3 pour 100 à 68 60.

Le succès, cependant, ne laissa rien à désirer, et le développement de prospérité qui en résulta fut immense ; jamais on ne s'était porté avec plus d'ardeur vers les entreprises de travaux publics ; la hausse des valeurs devint générale, et le prix des immeubles et des terrains se releva sensiblement par l'effet inévitable de la baisse de l'intérêt.

Le moment de réaliser une pareille opération est donc venu.

Commandée par l'intérêt de nos finances, elle est à la fois nécessaire et politique ; elle est surtout essentiellement démocratique.

Imaginée, en 1824, par M. de Villèle, dans le but de se servir de l'économie obtenue pour donner une indemnité d'un milliard aux émigrés, aux anciens propriétaires de biens nationaux, elle échoua devant la résistance de la Chambre des pairs. Cette assemblée considérait le principe de la réduction de la Rente comme une atteinte à la propriété ; elle refusait même à l'État le droit de se libérer par le remboursement au pair de ses dettes, bien que ce droit fût consacré par nos lois civiles, bien que sous l'ancienne monarchie, Sully et Colbert l'eussent exercé pour rembourser une partie de la dette nationale.

Cette mesure fut encore tentée à plusieurs reprises sous le gouvernement de Juillet, et quoique adoptée par la Chambre des députés, en 1838, en 1840 et 1845, elle échoua constamment devant la résistance de la Chambre des pairs, et fut abandonnée par la crainte qu'éprouvait le Gouvernement de mécontenter les classes bourgeoises, dont il tenait sa principale force.

Sous l'Empire, elle a été réalisée deux fois avec succès, d'abord en 1852 par M. Bineau, puis par M. Fould en 1862.

5

A l'étranger, elle a été heureusement pratiquée et à plusieurs reprises dans divers pays : en Angleterre, en Prusse et en Belgique.

En Angleterre, où l'importance de la dette publique était considérable, par suite de la lutte acharnée que cette puissance avait eue à soutenir contre le premier empire, on procéda à cette réduction avec une grande facilité ; en 1822, l'intérêt de 5 pour 100 fut abaissé à 4 pour 100, avec l'option, pour les rentiers, de recevoir leur remboursement au pair. Cette réduction fut successivement portée à 3 1/2 en 1830 et à 3 pour 100 en 1844.

Il en a été de même en Prusse, où, en 1842, le 4 pour 100 fut converti en 3 1/2 ; et en Belgique où, pour la première fois, en 1844, la rente 5 pour 100 fut réduite à 4 1/2.

L'usage et le succès ont partout consacré le droit des gouvernements de réduire leurs charges sous cette forme.

En France, la situation prospère dans laquelle nous nous trouvons permet d'entreprendre de nouveau sans hésitation cette grande opération; et cette situation, qui est un sujet d'étonnement pour ceux qui ignoraient les ressources de la France, est pour nous le gage d'un succès certain.

## II

Mais de quelle manière cette conversion aura-t-elle lieu ?

Sera-t-elle effectuée en 4 1/2 ou en 3 pour 100 ?

Quelle sera l'importance de l'économie à réaliser?

Quel usage fera-t-on de cette économie ?

La conversion de notre 5 pour 100 en 4 1/2, dont le cours est actuellement si rapproché du pair, aurait pour résultat naturel d'arrêter l'essor de la hausse qui ne peut manquer de se produire si nous sommes assez heureux pour conserver les bienfaits de la paix, et, de plus, de limiter l'économie qu'on peut espérer de la réduction tant pour le présent que pour l'avenir. Si en effet on adoptait ce mode de conversion, on serait obligé de donner aux rentiers, comme on l'a déjà fait en 1852, la garantie qu'ils ne seraient pas de nouveau réduits ou remboursés avant dix ans.

Par le temps qui court, ce délai pourrait avoir des inconvénients.

La conversion en 3 pour 100 nous semble de tous points préférable, par la double raison que l'économie à obtenir peut être plus forte, et que la réduction, quoique plus dure pour le rentier, serait largement compensée par l'espoir, par la certitude même d'une amélioration plus ou moins importante de son capital.

Au cours actuel, le 3 pour 100 ne produit pas 4 1/3 pour 100 d'intérêt, et ce fonds s'élèverait inévitablement beaucoup plus s'il devenait, comme autrefois, l'unique objet de la spéculation en fonds publics; si, débarrassé de la concurrence du 5 pour 100, dont la hausse est forcément enrayée par la prévisision de la conversion, il pouvait être considéré comme donnant la vraie mesure du crédit de l'État. Ce crédit ne peut que s'améliorer, l'équilibre de nos budgets étant désormais acquis par le seul fait de l'accroissement progressif des produits de l'impôt.

Rappelons, à propos d'accroissement rapide des fonds publics, l'emprunt 5 pour 100 qui eut lieu, en 1818, dans des conditions qui varièrent de 57 à 66 francs. Quelques années plus tard, sous le ministère de M. de Villèle, il s'élevait à 106.25 et le 3 pour 100 était à 76 francs. De pareils exemples nous dispensent de plus amples démonstrations.

Il ne reste donc plus qu'à déterminer l'usage que l'on pourrait faire de l'économie ainsi obtenue.

Nous ne voulons pas, pour le moment, nous livrer à cette discussion. Qu'il nous suffise de dire que la divergence des opinions à ce sujet pourrait être très-grande, car chacun a des préférences pour tel ou tel usage.

Le seul moyen de mettre tout le monde d'accord serait d'imiter le procédé employé par M. de Villèle, en capitalisant cette économie et en lui donnant une destination spéciale, en employant, par exemple, le capital ainsi obtenu à un large développement de l'instruction publique ou à l'amélioration de notre système d'impôts dans le but d'obtenir l'allégement des contributions indirectes qui pèsent si lourdement sur la classe la plus nombreuse et la plus pauvre.

---

# CHAPITRE II

## L'IMPOT ET L'EMPRUNT

Ce qu'il serait possible de faire au point de vue de l'Instruction et des Travaux publics. — Des budgets des grandes Compagnies de chemins de fer. — Le compte capital et le compte d'exploitation. — La commandite du travail. — Ressources dont on pourrait disposer.

### I

Nous avons à justifier les critiques que nous avons adressées au travail de la commission du budget; nous tenons à montrer que, loin d'être inspirées par un esprit de malveillance et de prévention, ces critiques n'ont pris leur source que dans le regret bien naturel de voir ajourner des améliorations, des réformes, qu'il serait très-facile de réaliser, si les pouvoirs publics étaient à la hauteur de leur mission.

Ces critiques sont d'autant plus légitimes que les chefs du parti qui, naïvement, se croit le plus avancé, avaient affi-

si grave et il touche à tant d'intérêts que toute précipitation en pareille matière pourrait avoir des conséquences regrettables.

La mesure de la conversion, importante en elle-même par l'économie qu'elle procurerait à l'État, serait bien plus importante encore au point de vue de son influence sur l'abaissement général de l'intérêt, abaissement dont tout le monde apprécie les heureuses conséquences pour la prospérité de l'agriculture, des manufactures et du commerce; c'est vraiment le grand côté de la question. Là où l'État réaliserait une économie de 30 ou 40 millions, le public, c'est-à-dire l'ensemble des travailleurs de tous ordres, en gagnerait3 ou 400. C'est, par conséquent — comme l'on dit en langage radical — autant d'enlevé à cet infâme capital au profit des classes laborieuses.

De toute manière et de quelque forme qu'on se plaise à revêtir le fait de la baisse de l'intérêt, les conséquences en sont décisives, indiscutables.

Nous sommes fort éloignés de les regretter, pour notre part, car toutes nos sympathies sont acquises aux travailleurs.

Loin de nous cependant la pensée de porter atteinte à aucun intérêt légitime et au repos de ceux que la possession d'un capital, mettrait en état de vivre plus ou moins richement, suivant l'élévation ou la faiblesse du taux de l'intérêt.

Aussi donnerions-nous la préférence à toute mesure de conversion qui ménagerait le mieux les intérêts des capitalistes sans nuire à ceux de l'État ou de la société, car ici l'État et la société ne font qu'un : leur situation est identique.

Cette donnée étant admise, — et comment ne le serait-elle pas par tous les hommes modérés des divers partis? — nous ne cacherons pas notre désir de voir adopter la conversion du

5 pour 100 en rentes 3 pour 100 de préférence à celles constituées en 4 1/2.

La raison de notre éloignement pour le 4 1/2, c'est que ce fonds est déjà au-dessus du pair, et que, quel que soit l'engagement qu'on pourrait prendre d'éloigner l'époque d'un remboursement nouveau, la crainte seule n'en agirait pas moins très-vivement sur l'esprit des porteurs ; la hausse de ce fonds serait arrêtée : il serait frappé d'immobilité.

Une réduction sans compensation de demi pour cent sur le 5 pour 100 serait d'ailleurs une mesure trop brusque, quelque peu brutale, et dont la réalisation ne laisserait pas de présenter quelque danger.

Nous nous souvenons, en effet, que l'opération de la conversion présentée par M. Bineau, en 1852, sous la forme du 4 1/2, faillit avorter au moment même de sa réalisation ; elle ne fut préservée d'un échec que par l'inspiration d'un financier qu'il est ici superflu de nommer.

On sait que la Rente 5 pour 100 n'était qu'à 103 60, quand parut le décret de cette conversion.

La marge était faible, et les adversaires en profitèrent pour battre en brèche le projet ; il était alors d'autant plus facile de ramener la Rente au pair, qu'aucune mesure n'avait été prise pour s'y opposer.

C'eût été une catastrophe.

La Rente commençait à baisser d'une manière inquiétante, et M. Bineau cherchait en vain des appuis, lorsque le financier en question vint mettre à la disposition du ministre aux abois cent millions pour combattre, par des achats *effectifs*, par des achats *au comptant*, les ventes de Rentes qui étaient faites à découvert sur une grande échelle.

On le comprend, l'offre fut acceptée avec une vive joie, et la maison Rothschild vint, de son côté, y ajouter un contingent de 40 millions.

Il ne fallait rien moins qu'un secours aussi puissant pour assurer une opération déjà fortement ébranlée.

Quant aux 140 millions si miraculeusement trouvés au moment même où le besoin s'en faisait sentir, ils se réduisaient en fait au cinquième, c'est-à-dire à 28 millions, qui furent fournis par un groupe de banquiers et de capitalistes, et donnés à la Banque en garantie d'un emprunt de 112 millions sur dépôt de 140 millions de Rentes.

## II

L'opération de la conversion en 3 pour 100 nous paraît préférable de tous points à celle en 4 1/2, par les motifs même qui nous font repousser ce dernier mode.

Le 3 pour 100 ne pouvant être remboursé avant d'avoir atteint le pair, offrirait, aux cours actuels, une grande marge à la hausse, et assurerait aux rentiers frappés par la mesure de la réduction, la compensation fort attrayante de l'augmentation du capital.

Si, en prévision de cette conversion, certaines mesures avaient été prises, les porteurs de titres seraient depuis longtemps déjà résignés à la perte d'une partie de leurs revenus, dans l'espoir d'une augmentation de leur capital.

Cette considération n'est pas à dédaigner; et il faut espérer que rien ne sera négligé pour faciliter une opération de cette importance.

M. de Villèle avait formé, en 1825, le syndicat des receveurs généraux, et le 3 pour 100, qui fut émis alors, atteignit bientôt un cours voisin de 76 francs. Quelques années après, sous la Restauration, il était au-dessus de 86 francs ; à la fin de 1852, il était à 87 francs. On voit l'élasticité dont ce fonds est doué.

Si toute la spéculation se trouvait concentrée sur le 3 pour 100, ce fonds ne tarderait pas à s'élever rapidement à cause de sa constitution au-dessous du pair.

Le cours de la Rente, quand rien n'en vient gêner l'essor, est un assez bon régulateur du taux de l'intérêt ; celui-ci baisserait inévitablement alors dans une proportion correspondante à l'élévation du capital ; il baisserait dans toutes les relations privées, pour les prêts hypothécaires comme pour ceux faits à l'industrie et au commerce ; la valeur de toutes les propriétés augmenterait, et le bon marché des capitaux rendrait possibles une foule d'entreprises utiles.

On se priverait, il est vrai, de la possibilité de faire une nouvelle conversion avant que le 3 pour 100 eût atteint le cours de 100 francs; mais cet inconvénient, encore éloigné, serait largement compensé par les bénéfices prochains que pourraient recueillir les rentiers, par les avantages que trouverait la masse des emprunteurs dans la réduction du loyer des capitaux.

Nous ne voulons pas nous étendre sur une autre combinaison dont il a été, à ce qu'on dit, sérieusement question, parce qu'elle nous paraît tellement excentrique que nous ne saurions en admettre la possibilité.

Il s'agissait d'une conversion en obligations de la nature de celles des chemins de fer.

Ce projet, qui viendrait ajouter une nouvelle masse de titres à celle déjà existante, serait certainement vu d'un très-mauvais œil par les Compagnies de chemins de fer, dont il compromettrait les intérêts, comme par les rentiers dont il viendrait bouleverser les habitudes.

Nous ne connaissons pas l'auteur de ce projet; mais assurément cette élucubration n'est pas celle d'un homme d'affaires. Dans tous les cas, on en a fait justice : *Requiescat in pace.*

La préférence à donner à la mesure de la conversion en 3 pour 100 nous semble donc parfaitement justifiée.

TROISIÈME PARTIE

# L'AMORTISSEMENT

# L'AMORTISSEMENT

Nécessité de l'amortissement, ses limites, sa Constitution définitive — Opinion de M. Thiers sur la réduction de l'intérêt. — Opinion de M. Jacques Laffitte sur l'amortissement. — Résultats qu'on pourrait obtenir en consacrant chaque année 19 à 22 millions a l'amortissement.

## I

Il est une considération spéciale, sur laquelle nous ne saurions trop insister ; nous voulons parler de la nécessité, de l'indispensabilité de donner, à l'occasion de la conversion, une constitution définitive à l'amortissement.

Ce point est capital, et il est d'autant plus nécessaire de s'y arrêter que le recours au crédit apparaît, à beaucoup de bons esprits, comme une nécessité toujours regrettable.

L'administration semble elle-même condamner l'emprunt en principe.

Les ministres qui se sont succédé au Trésor ont toujours cru se rendre populaires en annonçant qu'ils allaient fermer le Grand-Livre, absolument comme les gouvernements croyaient s'affermir en proclamant qu'ils allaient clore l'ère des révolutions.

Ce sont là des engagements qu'il est plus facile de prendre que de tenir.

Le Grand-Livre de la dette est encore ouvert, comme le prouvent les derniers emprunts que nous avons dû faire, et il n'y aurait aucun inconvénient à ce qu'il continuât à l'être, si les nouveaux emprunts devaient recevoir un emploi utile, si, par conséquent, ils devaient être rémunérateurs.

Mais nous serions les premiers à demander le *statu quo*, si la création de nouveaux emprunts devait s'accomplir dans la confusion des principes, si elle ne devait pas être accompagnée du rétablissement de l'amortissement sur des bases rationnelles, économiques, de nature à le rendre à tout jamais sacré.

Il ne faut pas hésiter à créer des moyens efficaces d'extinction de la dette publique, de tous les emprunts tant passés que futurs, contractés ou à contracter par l'État.

Mais, avant d'aller plus loin, il est important de rectifier une erreur économique trop répandue, et qui paraît être partagée par la commission du budget.

Cette erreur, que nous avons déjà cherché à dissiper, consiste à penser qu'il est nécessaire d'amortir très-rapidement les emprunts, « *afin de ne pas faire porter sur les générations futures des charges dont les conséquences fécondes nous profiteraient immédiatement* ».

C'est pourquoi il n'a été admis d'emprunt pour les travaux dont l'exécution a été décidée, qu'en obligations trentenaires.

La commission a fait complétement fausse route dans l'analyse à laquelle elle s'est livrée à ce sujet.

La charge de ces emprunts, qu'ils aient servi aux dépenses productives de la paix ou à celles improductives de la guerre, loin de peser sur les générations *futures*, ne pèse, au contraire, que sur les générations *présentes*. Ces dépenses sont payées exclusivement, en effet, avec les capitaux existant actuellement dans la société, et non avec ceux qui ne sont pas encore formés.

Quant à l'amortissement des capitaux empruntés, il ne consiste que dans les remboursements qui sont faits aux rentiers par les contribuables ; mais ce remboursement n'entraîne nullement la disparition de ces capitaux, et les prêteurs qu'on rembourse se hâtent de faire un nouvel emploi des fonds qu'ils ont ainsi reçus, souvent contre leur gré.

En un mot, les capitaux employés aux travaux publics, comme aux dépenses de la guerre, ne sont détruits qu'au moment où se fait la dépense, et non plus tard, au moment où fonctionne l'amortissement ; quant à l'opération de l'amortissement, elle ne sert qu'à faire passer successivement de la poche des contribuables dans celle des prêteurs les sommes précédemment empruntées.

Ainsi ce sont bien les générations anciennes ou, pour parler au présent, les générations *actuelles*, qui se sont privées ou qui se privent, au profit des générations *futures*, des capitaux qu'elles dépensent, pour leur laisser des travaux qui ne leur auront rien coûté. Et, disons-le en passant, pour en finir, les contribuables qui feront partie de ces générations futures seraient très-heureux de voir éloigner le plus possible les remboursements qu'ils auront à faire.

Cette explication, on le voit, ruine de fond en comble la théorie des amortissements trop rapides, et montre assez qu'elle ne saurait être adoptée par M. le ministre des finances.

Supposons que, par impossible, on voulût rembourser en totalité la dette actuelle en trente ans, il faudrait, pour cela, en tenant compte de la conversion du 5 pour 100 en 4 1/2, consacrer à cette opération d'amortissement une somme annuelle de 325,890,335 fr., y compris le rachat du 3 pour 100 en moyenne à 85 fr., ce qui serait excessif, tandis que, avec un amortissement en 99 ans, comme le pratiquent toutes les Compagnies de chemins de fer, il ne faudrait que 14,895,228 fr., dans l'hypothèse du rachat du 3 pour 100 à 80 fr. en moyenne, et 16,622,031 fr., dans celle du rachat du même 3 pour 100 à 85 fr.

Tout autre mode d'extinction de la dette imposerait au Trésor une trop lourde charge ; il deviendrait, en outre, une cause de sacrifices considérables pour l'État, attendu que l'amortissement, agissant avec une trop grande puissance, aurait pour effet d'élever à certains moments les cours d'une manière factice.

Avec un amortissement fonctionnant en 99 ans, comme pour les chemins de fer, on ferait disparaître de tous les esprits la préoccupation légitime qui existe à l'égard de la perpétuité des charges de la dette, et le crédit de l'État gagnerait beaucoup, soit en France, soit à l'étranger, à la régularisation de cette situation.

En face de la grandeur du résultat qui pourrait être obtenu par la seule addition au budget d'une somme annuelle de 19 à 22 millions, on comprend que l'économie des moyens préserverait le nouvel amortissement de toute atteinte et le rendrait sacré ; il le deviendrait d'autant plus, que de nouvelles facilités seraient données au Trésor, et que la nécessité d'un recours plus fréquent au crédit imposerait à l'État le respect de ses engagements.

Doté à chaque emprunt d'une ressource minime dans la proportion de 15 à 16 millions pour la dette actuelle, c'est-à-dire d'un millième du capital nominal, on comprend que l'amortissement puisse revivre et prospérer, et que, réservé exclusivement à couvrir les dépenses d'une utilité séculaire, le crédit public se développe enfin librement dans le vaste domaine des intérêts qu'il doit féconder.

## II

Nous ne voudrions pas revenir sur l'étrange démenti donné aux bruits de conversion du 5 pour 100 par le *Journal des Débats ;* il est impossible, cependant, de ne pas dire que ce démenti manque d'exactitude, et que les bruits de conversion mis en circulation ont eu un fondement très-sérieux.

Que le conseil des ministres, à raison des incertitudes de la politique extérieure, ait jugé la question inopportune, nous le concédons ; mais que le ministre des finances ne s'en soit pas occupé, et qu'il ne continue pas à s'en occuper aujourd'hui même, c'est ce que nous contestons de la manière la plus formelle.

Nous ne sommes pas dans le secret des plans de M. Léon

Say; mais les projets qu'on lui attribue gratuitement sans doute, et que l'on doit plutôt considérer comme ceux de son entourage, ont acquis une telle notoriété que nous sommes parfaitement en mesure de les exposer et de les discuter. Ces projets appellent d'autant plus vivement notre attention qu'ils ne seraient, à nos yeux, qu'une application dangereuse d'erreurs et de préjugés trop répandus en matière d'emprunts.

Que se sont proposé tous les gouvernements qui ont appliqué le système des conversions? Quel but ont-ils poursuivi, sinon celui de réaliser une économie au profit des contribuables et de réduire en même temps, au profit de l'industrie et de tous les emprunteurs en général, les charges que le capital fait subir travail?

Cette dernière considération est celle qui s'est le plus imposée aux méditations des hommes d'État qui, de près ou de loin, se sont occupés de cette importante question.

M. Thiers, qu'on n'accusera certes pas de socialisme, ne considérait la réduction de la Rente que comme un accident du crédit, comme le fait particulier d'un système général, ainsi qu'il résulte du passage suivant emprunté à une brochure qui remonte à 1824.

« L'œuvre universelle de la production, dit-il, au moyen de laquelle l'homme existe et pourvoit à tous ses besoins, se compose de deux éléments : les *capitaux* et le *travail*. Les capitaux consistent dans tous les objets avec lesquels, et sur lesquels s'exerce le travail de l'homme, tels que la terre, les matières à ouvrer, les machines, les outils, le numéraire qui sert à l'échange de toutes ces choses, et ne forme cependant qu'une petite partie d'entre elles, quoiqu'il les représente toutes alternativement; le travail consiste dans l'exercice des facultés de l'homme sur tous ces objets, qu'il fasse usage de ses bras ou de son intelligence.

« Les capitaux n'appartiennent pas toujours à ceux qui les emploient ; au contraire, ceux qui les possèdent, et que vulgairement on appelle riches, tendent à ne pas les employer eux-mêmes, et à les prêter à ceux qui sont forcés au travail, à condition d'avoir une part de produit, au moyen de laquelle ils puissent vivre dans le repos. Ce prêt fait par ceux qui ont les capitaux, à ceux qui n'ont que leurs facultés, et dans l'espérance que l'œuvre sera assez prospère pour que les capitaux soient conservés et payés selon le service qu'ils ont rendu, ce prêt constitue le phénomène du crédit. Plus l'espérance de recouvrer les capitaux et la part du produit à laquelle ils ont droit est grande, plus le prêt se fait volontiers et facilement, plus il y a crédit, c'est-à-dire plus on croit à l'avenir promis. Or toute l'œuvre sociale dépend entièrement du crédit, car les capitaux se trouvant toujours dans les mains de ceux qui peuvent ne plus travailler, et ne se trouvant pas encore dans les mains de ceux qui le doivent, il faut que les premiers les prêtent aux seconds, sans quoi la production serait impossible; et l'humanité, partagée entre ceux qui n'ont que leurs bras et leur intelligence, et ceux qui ont la matière première et les instruments, demeurerait inactive et périrait de tous les genres de besoins.

» Les petits capitalistes prêtent aux banquiers ; les banquiers prêtent à leur tour aux commerçants, aux manufacturiers ; l'action devient plus rapide, la masse des produits plus considérable et le prix demandé pour le prêt des capitaux diminue par deux raisons : la première, c'est que le travail étant accompagné de succès, on se confie davantage à lui ; la seconde, c'est que la somme générale des capitaux s'augmente, et que toujours l'abondance des choses amène la diminution de leur valeur. »

Et ailleurs, dans la même brochure publiée à l'occasion du projet de conversion de M. de Villèle :

« Quelle est, en général, la qualité du capitaliste dans la société? C'est ordinairement celui qui a travaillé et qui ne travaille plus, ou, plus ordinairement encore, c'est celui dont les pères ont travaillé autrefois et l'ont dispensé de travailler lui-même aujourd'hui. Il prête donc ses capitaux à ceux qui n'ont pas acquis la faculté de se reposer, et, il faut en convenir, il mérite, à ce titre, bien moins d'intérêt que l'homme industrieux qui paye actuellement son pain de ses sueurs. Sans doute cet oisif fortuné n'en a pas moins ses droits, car il faut respecter le travail dans celui même qui se repose ; il faut respecter le travail du père dans le capital du fils ; mais peut-on empêcher les effets de la loi commune qui avilit sans cesse les capitaux en augmentant leur abondance? *L'homme qui vit sur une œuvre passée doit devenir continuellement plus pauvre, parce que le temps le transporte, avec la richesse d'autrefois, au milieu d'une richesse croissante et toujours plus disproportionnée à la sienne. A défaut du travail, il n'y a qu'un moyen de se soutenir au niveau des valeurs actuelles, c'est de diminuer ses consommations. Il faut ou travailler ou se réduire. Le capitaliste a le rôle de l'oisif, sa peine doit être l'économie, et elle n'est pas trop sévère.*

« Tel est le principe général à l'égard des capitalistes. La rapide augmentation des capitaux, produite en France par une violente secousse, a rendu leur dépréciation plus prompte qu'elle n'avait jamais été, et le passé, vaincu de toutes les manières, s'est trouvé en toutes choses au-dessous du présent. Depuis surtout que la paix nous a permis de jouir des résul tats de la Révolution, les progrès de l'industrie ont fait subir aux capitaux une réduction universelle. »

Tel est, en effet, le cas actuel, car jamais on ne vit une telle pléthore de capitaux, jamais ils ne s'offrirent à de meilleures conditions.

En dehors de la Rente et des titres des Compagnies de chemins de fer, on trouve difficilement aujourd'hui un emploi avantageux de ses fonds.

Le bon papier de commerce se place à 1 pour 100 et même au-dessous, tant à Paris qu'à Londres, et la Banque de France a eu beau réduire à 3 pour 100 le taux de l'intérêt qu'elle prélève, elle n'a pu parvenir à augmenter son portefeuille; à peine y parviendrait-elle en poussant la baisse de l'escompte jusqu'à 2 pour 100. Ses emplois de fonds sont si faibles qu'elle sera peut-être obligée d'essayer d'une nouvelle réduction.

Tout l'y convie, et cette nécessité s'imposera tôt ou tard au conseil de régence de la Banque.

Enfin, depuis qu'il est question de conversion, depuis que toutes les épargnes se portent particulièrement vers les placements industriels et vers le 3 pour 100, les cours du 5 pour 100 n'ont subi qu'une faible réduction, malgré le remboursement dont ce fonds est menacé; le déclassement que craignent certains esprits timorés n'a pas eu lieu, ou du moins, il a été insensible, tant ses détenteurs redoutent, avec juste raison, de ne pas trouver un meilleur placement, un placement aussi avantageux et offrant la même sécurité.

Donc, sans suivre complétement M. Thiers sur la pente où il a failli glisser, dans la première ardeur de son libéralisme, nous ne pouvons éviter de constater, en dépit de tous les démentis, la nécessité prochaine de la conversion comme une conséquence fatale de l'abondance des capitaux et de la réduction générale du loyer que prélèvent leurs détenteurs sur l'industrie agricole, manufacturière et commerciale.

La part du travail augmentant ainsi tout naturellement sans trouble, sans révolution, les salaires ne peuvent manquer de participer à cette amélioration, et tous les amis de la paix sociale doivent s'en réjouir.

Tel ne serait pas, cependant, le but qu'on se proposerait dans les projets de conversion dont il est question.

Les préjugés qui semblent prédominer à l'égard des emprunts, se réduisent à l'unique préoccupation de les faire disparaître au moyen d'un amortissement aussi élevé que possible, ce qui revient à tourner le dos à l'avenir. Les facilités que le sytème des emprunts procure à la masse des contribuables se trouveraient ainsi annulées et feraient place, pendant un temps plus ou moins long, à des charges excessives, intolérables. Toutefois, ainsi que l'indique la déclaration récente du *Journal des Débats*, on paraîtrait, aujourd'hui, disposé à prolonger la période d'amortissement de 30 à 60 années.

D'économie dans le budget de l'État, il n'en est pas plus question que de celle bien plus importante à réaliser dans le budget de la production générale, par la réduction de l'intérêt dans les diverses relations industrielles et commerciales. Quant à l'effet à obtenir, dans ce cas, par la mesure de la conversion, il n'est ni prévu ni indiqué dans les projets que l'on prête au ministre des finances.

Lors que l'amortissement fonctionnait, les adversaires de la conversion soutenaient qu'il était préférable de réaliser l'économie que devait procurer cette mesure, plutôt par la réduction de cet amortissement que par celle de l'intérêt.

C'est le contraire qu'on voudrait faire aujourd'hui ; on ne réduirait l'intérêt de la dette que pour rétablir l'amortissement, et comme on ne peut pas se borner à amortir un seul fonds, la dotation qu'on serait obligé de lui attribuer dans l'hypothèse du remboursement en soixante ans au pair du 4 1/2, et dans celle d'un rachat du 3 pour 100, effectué en moyenne à 85 francs, devrait être de 71,708,625 francs, tandis que l'économie résultant de la conversion ne serait que de 34,600,000 francs, soit une surcharge de plus de 37 millions.

La déception des contribuables serait immense devant la perspective d'un résultat aussi inattendu; mais le pays tout entier, le monde des travailleurs en particulier, serait plus gravement encore déçu devant les effets de pareilles combinaisons.

## III

On sait qu'on avait eu d'abord l'idée de convertir le 5 pour 100 en obligations trentenaires portant 4 1/2 pour 100 d'intérêt et remboursables au pair par la voie du sort.

Ce projet qui avait transpiré dans le public, en avait reçu un très-mauvais accueil ; à l'inconvenient de créer un fonds nouveau qui aurait fait une concurrence sérieuse aux titres émis par les Compagnies des chemins de fer, se joignait celui, non moins grave, d'écarter l'élément puissant de la spéculation, sans le concours duquel le succès de la conversion aurait pu se trouver compromis.

On a dû y renoncer; et l'on assure qu'on se serait arrêté à l'idée de la création d'une Rente 4 1/2 pour 100 dans la forme ordinaire, mais remboursable au pair par séries, non plus en 30 ans, mais en 60 ans, comme nous venons de le faire pressentir.

Ainsi, à la place de la méthode suivie jusqu'ici en matière d'amortissement, méthode suivant laquelle l'État ne rachète que les rentes dont les porteurs désirent se défaire, on obligerait de paisibles rentiers à recevoir, bon gré, mal gré, leur remboursement suivant les caprices du sort, et on les mettrait ainsi dans la nécessité de chercher de nouveaux placements à leurs risques et périls. De sorte que chacun se trouverait sans cesse menacé dans sa position, contrarié dans ses arrangements de fortune, ce qui serait loin d'être favorable à la Rente.

Sous la menace permanente d'un remboursement du 4 1/2 au pair, toute hausse ultérieure serait certainement arrêtée sur le nouveau fonds. La loi de l'élévation du capital correspondant à la diminution de l'intérêt se trouverait ainsi violée, faussée dans sa base, et, quoique le principe du remboursement de nos rentes au pair, par anticipation, soit formellement consacré par nos lois, son application, en vue d'amener une nouvelle réduction d'intérêt, serait, en fait, singulièrement entravée par l'adoption du mode d'amortissement par séries. Le pays lui-même se trouverait privé par là du bénéfice de ces avertissements solennels donnés de haut, à certains moments, par les mesures de conversion, par ces déclarations officielles des diminutions successives du loyer des capitaux, lesquelles constituent l'un des plus grands progrès qu'on puisse procurer à une nation.

Nous renonçons à parler des inextricables complications que le système du remboursement par séries introduirait dans les mutations ou transferts des nouvelles rentes.

Les vices du système que nous venons d'analyser ne permettaient pas d'en tenter l'application ; aussi ne sommes-nous pas surpris, en l'absence surtout de toute mesure préparatoire pour la grande opération projetée, que de tels projets aient été ajournés, sinon écartés.

Il nous reste maintenant à examiner à fond la théorie de l'amortissement, la vanité de tous les procédés employés jusqu'ici pour le constituer et le maintenir, et nous montrerons dans quelles limites et par quels moyens le remboursement de la dette actuelle pourrait se réaliser.

## IV

Nous venons de voir par quel oubli des enseignements de l'histoire et de toutes les lois du crédit, on songeait à nous ramener aux beaux temps de l'amortissement, à lui donner une nouvelle constitution au moyen du mode de remboursement au pair par séries et à imposer ainsi, pendant soixante années, aux contribuables les sacrifices les plus considérables pour assurer au pays le prétendu bénéfice d'une libération illusoire. Elle est bien réellement illusoire, cette libération, si l'on considère que l'État représente aussi bien les prêteurs que les emprunteurs ; or il n'est pas plus avantageux aux uns d'être remboursés qu'aux autres d'être libérés, l'amortissement ne faisant qu'opérer le passage de la main droite à la main gauche d'une certaine masse de capitaux qui reviennent, par d'autres voies, de la main gauche à la main droite.

Pourquoi chercherait-on à opérer rapidement le remboursement de la dette publique ? Serait-ce dans l'intérêt des prêteurs ou dans celui des emprunteurs ? Nous répondons que ce n'est de l'intérêt ou du goût ni des uns ni des autres.

Les rentes représentent des épargnes déjà consommées dans un intérêt social ; elles constituent une propriété dont les revenus sont indispensables à l'entretien de leurs détenteurs ; et les contribuables aiment mieux supporter une charge d'intérêts que se priver des capitaux nécessaires à leur industrie.

Les rentiers tiennent à conserver leur situation, au prix même des sacrifices devenus nécessaires par le développement de la richesse ; et s'ils venaient à la perdre, ils n'auraient rien de plus pressé que de replacer dans l'industrie les capitaux qu'on leur aurait restitués sans souci de leurs convenances ; il ne resterait donc qu'un trouble profond de l'opération par laquelle on voudrait se donner un vernis de sagesse et de prudence.

Notons, en outre, que de pareils mouvements de fonds ne s'effectuent pas sans entraîner avec eux des frais considérables.

Mais il est, parmi nous, des novateurs à rebours, qui s'efforcent de remplacer les emprunts par des impôts ; c'est le contraire de ce qu'ont cherché à faire, dans un grand nombre de cas, les financiers les plus expérimentés et les plus éminents. Une telle entreprise ne tendrait à rien moins qu'à détruire, au détriment des contribuables qui forment la portion la plus intéressante du pays, l'édifice de notre crédit public, si péniblement construit par des hommes d'État tels que le duc de Richelieu, Jacques Laffitte, Corvetto.

Il importe donc de rectifier des idées que nous considérons comme arriérées et comme funestes à tous les intérêts, en rappelant les leçons de l'expérience et les vrais principes de la matière.

Le crédit a été partout l'œuvre du temps et de la patience. Organisé au milieu des circonstances les plus douloureuses, son établissement a rencontré en France des préventions qui n'étaient malheureusement que trop justifiées par de fâcheux souvenirs ; il a rencontré encore l'incrédulité qu'une entreprise aussi hardie pour l'époque provoquait de la part des meilleurs esprits.

Il eut besoin, par conséquent, à sa naissance, des plus grands ménagements ; dans cette situation, les règles immuables, l'inflexibilité du calcul, les rigueurs de la science étaient peu applicables. Le crédit eut, en un mot, ses exigences et ses nécessités.

A M. Jacques Laffitte revient particulièrement l'honneur de l'avoir fondé et d'avoir fait adopter les tempéraments propres à en assurer le succès ; à lui revient surtout l'honneur d'avoir su écarter ces tempéraments d'une nature transitoire, au moment où leur maintien pouvait devenir nuisible.

La perspective de l'éternité des dettes et de leur accroissement indéfini était, à l'origine du crédit, ce qui effrayait l'imagination ; il fallait dissiper ces craintes et rassurer l'opinion, facile à émouvoir en pareille matière. Il était également indispensable de créer un acheteur permanent sur le marché, car la facilité de se défaire à volonté de ses rentes constitue l'un des plus grands avantages de cette nature de propriété; était encore nécessaire de soutenir et d'améliorer les cours des nouveaux fonds.

L'institution de l'amortissement répondait parfaitement à ces divers besoins.

« La phase définitive du crédit, a dit M. Jacques Laffitte, « c'est le dernier terme de la série des faits relatifs à son déve-« loppement; c'est là le but que l'on doit se proposer.

« Mais ce n'est point sans de nombreux sacrifices, ce n'est « point sans de nombreuses précautions qu'on peut y arriver. « Entre l'emprunt par annuités et l'emprunt perpétuel, il y a « une transition nécessaire dont nul État ne peut s'affranchir, « c'est l'emprunt perpétuel avec constitution d'un fonds d'a-« mortissement.

« C'est la dernière transition vers le système définitif, vers « la perpétuité de la dette, signe infaillible, non point de la « banqueroute, mais de la plénitude du crédit. »

Mais pour arriver à cet état définitif, pour dissiper toutes les craintes et obtenir un apaisement complet, il faut que les emprunts, au lieu de servir à des dépenses stériles ou funestes, comme celles de la guerre, ne soient contractés que pour des emplois utiles et qu'ils rendent l'équivalent de ce qu'ils coûtent.

Les emprunts de la première catégorie sont destinés à s'amoindrir et à disparaître, soit par des réductions successives d'intérêts, ou par des remboursements à longs termes, soit par leur conversion en emprunts productifs ou en rentes viagères irréductibles.

Ne pourrait-on pas, par exemple, se dispenser de pourvoir au remboursement des emprunts des chemins de fer dont les produits compensent les charges, si les Compagnies, au lieu de n'en être que concessionnaires à temps, étaient complétement propriétaires de ces lignes ?

« L'emprunt qui a pour but une œuvre de destruction, « ajoutait M. Laffitte, l'emprunt contracté pour la guerre est « toujours funeste; il est coûteux de toutes les façons, puis« qu'on le contracte dans les circonstances les plus difficiles; « il ne doit être autorisé que lorsque la nécessité l'exige im« périeusement. Mais l'emprunt pacifique, réductible à me« sure de l'accroissement de la richesse, destiné à doter des « services utiles, à faire des dépenses productives, peut-il « exciter des craintes quant à sa perpétuité ? Il devient, au « contraire, non un impôt forcé, mais un impôt volontaire ; « car, au lieu de surcharger les contribuables, il ne tend « qu'à les soulager. Mais, dit-on, par l'emprunt, l'État ou « tous les contribuables, ce qui est la même chose, perdent à « perpétuité l'intérêt qui en provient, puisqu'ils en font le « service. Sans doute ; mais par l'impôt ne perdent-ils « pas de même l'intérêt à perpétuité, puisqu'ils sont pri« vés irrévocablement de ce capital et du revenu de ce « capital ?

« Les emprunts en rentes perpétuelles présentent donc tous « les avantages qui résultent de l'association : économie pour « les contribuables, sécurité pour les rentiers. Ce mode d'em« prunt est ce qui distingue le crédit d'un État de celui des « particuliers. L'État seul peut en contracter de semblables,

« parce que l'État ne se liquide jamais, et qu'il associe ainsi
« à perpétuité les prêteurs à la destinée du pays.

« Supposez un emprunt perpétuel de 500 millions à
« 4 pour 100, destinés à faire des routes, des canaux, des chemins de fer ; à défricher des landes, à dessécher des marais
« sans exiger ni péages ni produits quelconques, croiriez-vous
« ainsi, sans compensation, créer une charge perpétuelle de
« 20 millions pour les contribuables? Nullement, vous
« augmenteriez probablement, au contraire, d'un milliard la
« fortune publique et de 100 millions les revenus de
« l'État. »

L'observation du passé a prouvé qu'il ne fallait pas compter sur l'amortissement pour une extinction rapide des dettes publiques; tous les efforts tentés dans ce but ont été impuissants.

C'est sous l'impression séduisante des calculs du docteur Price sur la puissance de l'intérêt composé, c'est à l'aide du mirage d'un amortissement de 1 pour 100 fonctionnant de cette façon, que Pitt put emprunter plus de 15 milliards pour soutenir la guerre contre la France.

On se souvient des résultats merveilleux du *sou* qui, d'après les calculs du célèbre docteur, placé à intérêts composés à la naissance de Jésus-Christ, aurait produit, de nos jours, des globes d'or de la dimension de la terre.

Il n'avait oublié qu'une chose, ce bon docteur, c'était l'impossibilité de replacer indéfiniment les sommes ainsi accumulées; il avait complétement méconnu cette grande loi de la baisse successive de l'intérêt qui s'opère en raison de l'accumulation des capitaux, et aussi par l'effet de l'organisation de plus en plus perfectionnée des banques.

Mais, en admettant que ce calcul eût pu se réaliser dans des limites compatibles avec notre puissance limitée d'accumulation, il serait arrivé un moment où le prêt à intérêt aurait entièrement disparu. Les travailleurs affranchis, par cette accumulation même, de la redevance qu'ils ont à payer aux capitalistes, et disposant gratuitement de tous les capitaux propres à alimenter leur activité, auraient vu naître un état social nouveau, dans lequel chacun aurait pu aspirer à la place que sa capacité lui aurait assignée et à la rétribution légitime de ses œuvres; l'âge d'or se serait réalisé sur la terre.

Mais quittons le monde des fictions. Revenons aux faits qui suivirent, en Angleterre, l'institution de l'amortissement avec une dotation, pour chaque emprunt, de 1 pour 100 fonctionnant à intérêts composés.

La première atteinte lui fut portée en 1807 par le marquis de Lansdowne qui réduisit ce fonds, afin, disait-il, que le pays ne fût pas inondé de capitaux surabondants par un remboursement trop prompt de la dette publique, comme si l'amortissement, qui prend dans la poche des contribuables les capitaux qu'il emploie, avait pour effet de les créer, de les faire naître.

En 1813, M. Vansittart déclarait qu'il ne considérait le fonds d'amortissement que comme un instrument d'une grande force dans les mains du Parlement; et, plus tard, lord Londonderry, reprenant le même thème, ne craignit pas de dire en pleine Chambre des communes « qu'il n'avait jamais regardé le fonds « d'amortissement comme une épargne sacrée, mais seulement comme une réserve disponible que le Parlement « pouvait employer selon qu'il le jugerait le plus convenable « aux exigences du moment ou à la sécurité de l'avenir. »

A partir de 1816, les fonds de la caisse d'amortissement ne

servirent plus qu'à alimenter de nouveaux emprunts et à satisfaire aux besoins extraordinaires, il en fut de même en France pendant de longues années, sous la monarchie de Juillet comme sous l'empire.

C'est là l'un des grands dangers d'un fonds d'amortissement élevé; les gouvernements ne sont que trop disposés à s'en servir pour couvrir leurs prodigalités ou donner libre carrière à leurs passions.

Enfin, en 1826, il fut décidé qu'on ne consacrerait plus à l'extinction de la dette que l'excédant des recettes sur les dépenses; mais, depuis ce moment, les Anglais n'ont pas cessé de réduire leurs taxes afin de sacrifier le moins possible au rachat des rentes.

C'est au docteur Hamilton (1) qu'appartient l'honneur d'avoir obtenu ce résultat.

Il prouva que la caisse d'amortissement, loin d'avoir contribué à diminuer la dette publique, avait été, au contraire, une des causes les plus actives de son accroissement, et qu'on ne pouvait réellement l'éteindre qu'avec l'excédant du revenu sur la dépense.

Il démontra qu'une extinction très-rapide des dettes publiques imposait aux contribuables des sacrifices trop considérables, attendu que, dans certains moments, elle avait pour effet d'élever les cours, d'une manière fictive; qu'on achetait très-cher, en temps ordinaire, pour revendre à vil prix lorsqu'on était obligé de recourir de nouveau aux emprunts, et malheureusement ces cas ne se présentent que trop souvent.

En Angleterre, les pertes qui, de 1793 à 1817, sont résul-

(1) Son ouvrage sur la dette publique de la Grande-Bretagne a été traduit par M. Henri Lasalle.

tées du fonctionnement de l'amortissement, ont été évaluées à 525 millions, et, en France, elles ont été relativement plus considérables :

Ainsi, du 28 avril 1816 au 31 décembre 1847, la caisse d'amortissement a consacré un capital de 1,612,279,758 francs à l'achat de 76,697,971 francs de rentes au cours moyens de 101 fr. 15 c., et pendant la même période, l'État avait émis de nouveaux emprunts pour un capital de 2,197,726,482 fr., au cours moyen de 82 fr. 27 c. seulement.

Le chiffre des rentes émises a donc dépassé de 585,446,724 fr. celui des rentes rachetées, et la perte résultant de la différence des cours a été, pour l'État, de 300,884,030 francs.

A la fin de la guerre contre la France, en 1815, l'importance de la dette anglaise était de 861,039,049 liv. sterl., ou de 21 milliards et demi, et, après soixante années, juste le temps demandé pour le remboursement de notre dette, celle de l'Angleterre n'a été diminuée que de 76,066,949 liv. sterl. ou de 1,900 millions ; elle s'élève encore à 784,972,100 liv. sterl. ou à près de 20 milliards de francs ; mais, par contre, les intérêts ont diminué, par suite des conversions, de 150 millions.

Pour une dette inférieure de près de 3 milliards à celle de l'Angleterre, nous payons 80 millions de plus.

Le chiffre élevé de ces intérêts indique assez les progrès qui nous restent à faire.

La marche suivie par la France, en ce qui touche l'amortissement, a été en quelque sorte calquée sur celle de l'Angleterre.

Depuis 1833, ce fonds n'a eu qu'une existence nominale, et la dette n'a pas cessé de s'accroître.

C'est M. Jacques Laffitte, le créateur même de l'institution de l'amortissement, qui lui porta le dernier coup par la loi du 10 juin 1832 qu'il inspira et qu'il soutint de son autorité ; cette loi, en vertu de laquelle l'amortissement fut suspendu à l'égard des fonds qui avaient dépassé le pair, équivalait à son annulation.

La loi du 4 décembre 1849 annula d'un coup 75 millions de rentes acquises depuis 1816 par le Trésor. La loi du 11 juillet 1866, par laquelle on essaya de redonner une ombre d'existence à l'amortissement, lui enleva la dotation de 184 millions qui figurait encore pour ordre au budget de 1865 ; on le remplaça par diverses affectations relativement sans importance, et, comme fiche de consolation, on lui attribua la nue propriété des chemins de fer.

Depuis la guerre, l'amortissement a complétement disparu de nos budgets.

Dans un discours mémorable que M. Jacques Laffitte prononça à l'occasion de la loi de 1833, il reconnut avec une admirable sincérité, que l'amortissement, utile à l'origine, était loin d'avoir donné les résultats que son institution avait fait espérer pour l'extinction de nos dettes, et qu'il était bien qu'il en fût ainsi, parce que la situation des États ne pouvait être assimilée à celle des particuliers dont la vie est limitée, tandis que celle des nations ne l'est pas ; il reconnaissait encore que l'amortissement avait occasionné des pertes considérables au Trésor, et que, bon uniquement comme transition vers l'état définitif du crédit, l'amortissement ne pouvait plus se justifier au point de vue des principes ; que son principal défaut était d'annuler le bénéfice de la substitution du système des emprunts à celui des impôts pour les dépenses exceptionnelles et extraordinaires; que l'impôt, aveugle de sa nature, attaquait la production et prenait partout, sans préoccupation du mal qu'il pouvait produire, tandis que l'emprunt n'exigeait rien, ne demandait que les capitaux qui venaient s'offrir librement, ceux qui n'avaient pas de meilleur emploi; qu'enfin, pour être conséquent, il n'aurait pas hésité à demander la suppression complète de l'amortissement, sans le respect qui était dû à des engagements antérieurs ; cette seule considération le déterminait à n'en demander que l'atténuation.

Entre l'opinion de M. Jacques Laffitte et celle qui paraît prévaloir aujourd'hui, on conçoit que notre choix ne pouvait être douteux.

Dans la partie suivante qui renferme notre conclusion, nous compléterons ce qui nous reste à dire sur l'amortissement, en montrant que les projets attribués à tort sans doute à M. Léon Say ne sont pas seulement en opposition avec les idées de M. Thiers et de M. Jacques Laffitte, mais qu'ils le sont encore avec celles de M. de Villèle, ce qui ne plaide certainement pas en leur faveur.

---

QUATRIÈME PARTIE

---

# CONCLUSION

# CONCLUSION

Capitalistes et travailleurs. — L'amortissement dans son rapport avec la conversion. — Légitimité du remboursement des rentes au pair. — Tempéraments à apporter à ce principe. — Mode et formule de la conversion.

Dans le précédent chapitre, nous avons analysé et développé les opinions de deux hommes considérables.

Les extraits que nous avons donnés du livre écrit, en 1824, par M. Thiers, sous l'inspiration de M. Jacques Laffitte, ont montré l'importance que l'ancien président de la République, comme le célèbre banquier, attachaient, non pas tant à l'économie que le Trésor pouvait retirer des réductions d'intérêt, qu'au soulagement qu'y trouvent infailliblement les classes vouées au travail. Sans doute il devait en résulter un certain dommage pour les rentiers, que M. Thiers proclame la portion la moins intéressante de la société.

Ce jugement est vrai, mais il est peut-être trop absolu.

Il y a lieu de distinguer.

La classe des rentiers doit se diviser en deux catégories, formées : l'une des hommes qui aspirent par de pénibles labeurs à un repos honorable, *otium cum dignitate ;* l'autre de ceux qui vivent des revenus qu'ils ont reçus en héritage.

Les premiers ont droit à tous les hommages, à tous les égards ; mais, maîtres de leur situation, ils sont libres de choisir l'instant de leur retraite, de ne la prendre qu'après avoir complétement assuré la tranquillité de leurs vieux jours ; à ce point de vue, tout ce qui contribue à l'amélioration des conditions du travail leur est favorable.

Le jugement que porte M. Thiers sur les classes oisives ne touche réellement que les individus qui ne rendent rien à la société en échange des jouissances qu'elle leur prodigue : « L'oisif fortuné, dit-il, n'en a pas moins ses droits, car il « faut respecter le travail du père dans le capital du fils ; « mais peut-on empêcher les effets de la loi commune qui « avilit sans cesse les capitaux en augmentant leur abondance?

« Il faut travailler ou se réduire...

« La peine de cette classe de capitalistes doit être l'écono- « mie, et elle n'est pas trop sévère. »

Il y a encore, tant au point de vue moral qu'à celui du raisonnement, une exception à faire en faveur de ceux qui réunissent la double qualité de capitaliste et de travailleur ; cette double qualité, qui se rencontre chez un grand nombre d'individus, les prémunit elle-même contre les effets de la baisse de l'intérêt, parce qu'il s'établit pour eux une compensation entre les avantages et les inconvénients de leur situation ; ce qu'ils perdent d'un côté, ils le retrouvent de l'autre.

Le législateur n'en a pas moins le devoir de rechercher tous les ménagements compatibles avec la rigueur des mesures qu'impose la marche inévitable des choses.

Ce sont des considérations de cette nature qui avaient sans doute déterminé M. Thiers et M. Jacques Laffitte à appuyer sans réserve les plans de M. de Villèle.

Ces plans consistaient dans la conversion du 5 pour 100 au pair en 3 pour 100 à 75 francs, et la réduction, qui était ainsi de 1 pour 100, procurait à l'État une grande économie; mais, par contre, on offrait aux rentiers convertis l'espérance d'un accroisse- de capital important par la constitution d'un fonds au-dessous du pair ; et ce fonds, par l'élasticité dont il était doué, devenait le thermomètre fidèle du taux de l'intérêt.

Les projets qu'on avait attribués au ministre des finances s'écarteraient complétement de cette grande ligne ; mais nous sommes heureux de penser qu'il les répudie et que le système définitif de la conversion n'est pas encore arrêté dans son esprit.

C'est une raison de plus pour nous de continuer l'examen et la comparaison des divers projets qui sont encore à l'étude.

La préférence qui serait donnée à la conversion en 4 1/2, c'est-à-dire à un fonds qu'une expérience de dix années a condamné, fermerait la voie à tout progrès.

Pendant sa courte existence, le 4 1/2, qui avait été créé par M. Bineau, n'a eu aucune influence sur la réduction de l'intérêt ; car ce fonds d'une nature bâtarde n'a jamais subi que de légères variations. La spéculation ne l'a jamais accepté.

Ce nouveau 4 1/2 serait frappé d'immobilité dès son origine, mais ce n'est pas le seul inconvénient que présenterait ce mode de conversion.

Le plus grave serait le classement des rentes nouvelles par séries, imaginé dans le but de rendre le fonctionnement de l'amortissement *obligatoire* pendant une période de 60 ans.

Toute possibilité de réduction nouvelle se trouverait ainsi implicitement éloignée avant l'expiration de ce délai.

Ce projet, qui fait revivre le principe du remboursement

des emprunts par la charge des impôts, est contraire à toutes les idées modernes, surtout dans les proportions qu'on a paru vouloir lui donner : battu en brèche par tous les bons esprits, en Angleterre comme en France, l'amortissement ne fonctionne plus depuis un demi-siècle en Angleterre que dans des proportions très-restreintes ; on n'y applique que l'excédant des recettes sur les dépenses, et, en France, renié par son fondateur lui-même, Jacques Laffitte, il a été entièrement abandonné.

Il ne s'est produit, que nous sachions, aucune réclamation en faveur de son rétablissement.

Qu'un amortissement modéré soit rétabli transitoirement dans l'intérêt du maintien ou de l'élévation du cours de nos rentes, nous n'y faisons aucune objection ; nous y applaudirions même, car il y a plus de cas que de lois, et dans la pratique de la vie, il ne faut pas être trop absolu. Nous avons même témoigné notre adhésion en proposant l'institution d'un amortissement suivant le mode adopté par les Compagnies de chemins de fer. Dans ce système, il ne faudrait qu'une dotation annuelle de 19,731,570 fr. pour amortir la totalité de notre dette, tandis que celui que nous discutons exigerait 71,708,625 fr., en supposant, dans les deux cas, le rachat du 3 pour 100 à 80 fr. en moyenne.

La véritable cause de l'avortement de tous les plans de remboursement des dettes publiques n'est autre que l'importance considérable des sommes que, au bout d'un certain temps, il faudrait consacrer au rachat des rentes à amortir. Cet inconvénient est d'autant plus grave que la durée de l'amortissement est plus courte.

Ainsi, dans l'hypothèse que nous avons faite d'un remboursement en quatre-vingt-dix-neuf ans, il s'écoulerait quarante-trois ou quarante cinq ans, suivant le taux auquel s'opéreraient les achats, avant que le chiffre des sommes à consacrer à l'amortissement eût atteint celle de 100 millions, tandis que, dans l'hypothèse du remboursement en 60 ans, le chiffre de 100 millions serait dépassé avant 10 ans, et croîtrait ensuite très-rapidement dans des proportions colossales.

Comment employer annuellement des sommes de 2, 3, 4 et 500 millions en achats de fonds publics, sans exciter les justes plaintes des contribuables qui en porteraient le fardeau et sans provoquer des annulations de rentes qui viendraient déranger le mécanisme de l'intérêt composé ? C'est ce qui est toujours arrivé.

D'un autre côté, ne placerait-on pas les rentiers dans le plus cruel embarras en les obligeant à trouver immédiatement le remploi de pareilles sommes ?

Il est absolument impossible, dans la pratique, de mener jusqu'à la fin de pareilles opérations ; à moins de se faire les plus étranges illusions, on ne peut espérer de pouvoir maintenir le fonctionnement de l'amortissement lorsque son chiffre aura dépassé certaines limites.

L'expérience de plus de deux siècles en Angleterre et de 60 années en France est là pour démontrer cette impossibilité.

L'amortissement a toujours été détourné de sa destination, lorsque son élévation a donné la tentation de l'appliquer à d'autres besoins.

Les contribuables, d'ailleurs, préféreront toujours le payement d'un intérêt à celui d'un capital.

Si cependant on voulait à tout prix faire disparaître les emprunts qui prennent leur origine dans les dépenses improductives de la guerre, on en aurait le moyen par l'ouverture *d'emprunts productifs* dans lesquels pourraient se replacer immédiatement les sommes remboursées aux rentiers actuels.

Ces derniers emprunts, destinés à des travaux d'utilité publique, n'auraient rien d'onéreux, puisqu'ils augmenteraient la richesse de l'État en particulier, dans une mesure au moins égale aux charges d'intérêt.

La perpétuité de dettes ainsi constituées ne serait plus une cause d'effroi, ainsi que l'a si nettement démontré M. Jacques Lafitte, dans le discours remarquable dont nous avons donné des extraits.

Jusqu'ici nous avons raisonné dans l'hypothèse du remboursement de l'intégralité de la dette.

Or le remboursement par séries trahit la pensée de n'amortir que ce dernier fonds et d'abandonner le 3 pour 100, par la raison que le bénéfice résultant de ce mode de conversion ne serait pas suffisant pour amortir la dette en 60 ans.

Cet abandon de l'amortissement du 3 pour 100 serait en opposition complète avec les idées de M. de Villèle, comme avec celles de M. Jacques Lafitte.

M. de Villèle avait concentré exclusivement toutes les forces de l'amortissement sur les fonds au-dessous du pair, ne voulant pas payer un centime au delà des engagements pris par l'État; sous cette réserve, il n'excluait aucun fonds du bénéfice de l'amortissement.

De son côté, dans le but de restreindre l'action de l'amortissement, M. Jacques Lafitte avait conseillé et obtenu, en 1833, la spécialisation de ce fonds entre les diverses natures de dettes proportionnellement à leur importance, et il en avait fait de nouveau consacrer la suspension à l'égard de celles qui étaient au-dessus du pair.

Comment justifierait-on l'affectation exclusive de l'amortissement au 4 1/2, que semble vouloir annoncer ce mode de remboursement? Comment justifier encore une distinction quelconque entre des fonds qui ont la même origine et qui, par conséquent, ont un droit égal au même traitement?

Le motif de cette faveur accordée à la création du 4 1/2 ne serait-il pas puisé, en dehors de l'avantage qu'on voudrait attribuer au 5 pour 100, dans la crainte de contribuer à l'élévation du 3 pour 100 jusqu'au pair et d'imposer ainsi quelques sacrifices à l'État?

La constitution d'un fonds au-dessous du pair avec faculté de rachat jusqu'au pair, favorable à l'emprunteur comme au prêteur, n'est autre chose qu'un emprunt à un taux d'intérêt plus élevé que ne l'indique le cours d'émission.

Ainsi emprunter en 3 pour 100 à 70 francs avec rachat en 99 ans, en moyenne à 85 francs, c'est emprunter en réalité à 4,44 pour 100 ; à 72 francs, le taux d'intérêt ne serait que de 4,31 pour 100.

Dans le cas d'un remboursement par séries à 100 francs :

Du 3 pour 100 émis à 70 francs représenterait un intérêt de 4,53 pour 100 ;

Et à 72 francs, l'intérêt ne serait plus que de 4,40 pour 100.

Voilà à quoi se réduit cette fantasmagorie de l'augmentation de la dette par la constitution d'un emprunt au-dessous du pair.

Les emprunts de toutes les Compagnies de chemins de fer sont constitués suivant ce mode, et l'on ne leur contestera pas l'intelligence de leurs intérêts.

Elles ont pu ainsi emprunter à de bien meilleures conditions que si elles avaient adopté les combinaisons d'un fonds trop rapproché du pair.

Qu'importe l'éventualité d'un remboursement du 3 pour 100 au pair si, d'un autre côté, on peut emprunter au même taux !

N'éprouverait-on pas, d'ailleurs, une vive satisfaction si notre 3 pour 100 parvenait au taux de celui des Anglais?

Ne serait-ce pas le signe d'une situation générale des plus prospères?

Quelques personnes contestent encore le droit qui appartient à l'État de rembourser au pair les emprunts qu'il a émis.

Cette discussion est épuisée.

« La loi, dit M. Thiers, s'adaptant à la nature qui veut que « tout change, que tout finisse, que rien ne disparaisse, que « rien ne soit immuable, la loi a déclaré que le remboursement « était un bien et que toute rente *stipulée perpétuelle* était « remboursable. Elle n'a reconnu qu'une rente véritablement « perpétuelle, parce qu'elle est la seule qui ne puisse être rem- « boursée : c'est la rente *viagère.*

« L'article 1901 du Code civil dit « textuellement » que la rente, « constituée en perpétuel, est essentiellement rachetable. »

L'intérêt d'un capital emprunté ne peut pas être, en effet, fixé à perpétuité, et la faculté de remboursement est le seul moyen de s'y soustraire.

« La forme du contrat de rente, dit encore M. Thiers, ren- « ferme la reconnaissance d'un *certain capital* avec intérêt « de 5 pour 100, ce qui suppose un simple prêt avec condi- « tion ou possibilité de remboursement : sans cela : la mention « de la somme principale serait évidemment inutile. »

Mais, si le principe n'est plus contestable, reconnaissons que, dans la pratique, il peut être utile de ne l'appliquer qu'avec quelques tempéraments.

Le droit de remboursement au pair doit être revendiqué,

dans toute sa rigueur, à l'égard des porteurs qui se refuseraient à la conversion; pour ceux qui l'accepteraient, il serait peut être juste de les faire participer, dans une certaine mesure, aux bénéfices de l'opération. Dans ce but, on pourrait reconnaître au 5 pour 100 à convertir une valeur de 104, 105 ou 106 francs, suivant les circonstances et l'époque de la conversion, et l'échanger, pour pareille somme, contre du 3 pour 100 à 73, 74 ou 75 francs.

Dans le système de la conversion en 4 1/2, on ferait subir aux porteurs, outre la perte d'intérêt, une réduction sensible de capital; car le 4 1/2 atteindrait difficilement, quant à présent, le cours actuel du 5 pour 100. Les porteurs seraient d'ailleurs sous la menace permanente d'une nouvelle conversion, à moins que le gouvernement ne se liât les mains, en s'interdisant tout remboursement, avant un certain délai, comme il l'avait fait, en 1852, pour une période de dix ans.

Avec la conversion en 3 pour 100 à 73, 74 ou 75 francs, le porteur subirait, il est vrai, une perte d'intérêt un peu plus grande; mais il retrouverait son capital tout entier au cours du moment, ce qui ne serait pas possible dans le système de la conversion en 4 1/2.

Il retrouverait même ce capital avec des chances certaines d'augmentation, le 3 pour 100 devant tendre à s'élever successivement vers le pair par l'effet naturel de l'abaissement progressif du taux de l'intérêt.

Quant à la crainte d'une demande trop considérable de remboursements au pair, il faut l'écarter par plusieurs raisons et surtout à cause de l'état actuel du marché des capitaux.

Il a suffi, en 1852, dans les circonstances les plus précaires, d'une somme de 140 millions, qui a été trouvée en vingt-quatre heures, pour arrêter le déclassement qu'on redoutait. Outre qu'aujourd'hui, avec les puissants moyens dont on dispose, on serait sûr de conjurer ce danger purement illusoire, il ne faut pas perdre de vue que le remboursement au pair serait avantageux pour l'État et qu'il augmenterait les bénéfices de la conversion.

En résumé, ainsi qu'on a pu le pressentir par ce qui précède, nous ne voyons de possible que la conversion du 5 pour 100 contre du 3 pour 100, à des conditions équitables pour l'État et pour les particuliers.

Dans les divers cas que nous venons d'indiquer, la conversion donnerait le bénéfice suivant :

En échangeant le 5 pour 100 à 104 francs contre du 3 pour 100 à 73 francs, la diminution de l'intérêt annuel serait de 50,240,000 francs; le 5 pour 100 à 105 francs converti en 3 pour 100 à 74 francs donnerait 51,433,000 francs de bénéfice, et enfin le 5 pour 100 à 106 francs converti en 3 pour 100 à 75 francs produirait 52,592,000 francs.

Et, si l'on défalque de cette économie l'amortissement nécessaire pour éteindre la totalité de notre dette en quatre-vingt-dix-neuf années, en supposant le 3 pour 100 racheté en moyenne au cours de 85 francs soit 22,000,000 en nombres ronds, il resterait encore un excédant de bénéfice de 30 millions environ qui pourrait devenir la base d'un emprunt dont le produit servirait utilement, sans aucun surcroît de charges pour le pays, à la réforme des impôts ou à l'exécution immédiate de grands travaux publics.



Paris. — Typ. Motteroz, 31, rue du Dragon.

www.ingramcontent.com/pod-product-compliance
Ingram Content Group UK Ltd.
Pitfield, Milton Keynes, MK11 3LW, UK
UKHW021234230726
13926UKWH00003B/1426

9 782014 042535